2014—2016年
创新研究发展报告

中北大学创新研究中心 编著

科学技术文献出版社

·北京·

图书在版编目（CIP）数据

2014—2016年创新研究发展报告 / 中北大学创新研究中心编著. —北京：科学技术文献出版社，2016.12
ISBN 978-7-5189-2283-3

Ⅰ.① 2… Ⅱ.①中… Ⅲ.①企业创新—调查报告—中国—2014—2016
Ⅳ.① F279.23

中国版本图书馆 CIP 数据核字（2017）第 005597 号

2014—2016年创新研究发展报告

策划编辑：周国臻　责任编辑：赵　斌　责任校对：赵　瑗　责任出版：张志平

出 版 者	科学技术文献出版社
地　　址	北京市复兴路15号　邮编　100038
编 务 部	（010）58882938，58882087（传真）
发 行 部	（010）58882868，58882874（传真）
邮 购 部	（010）58882873
官方网址	www.stdp.com.cn
发 行 者	科学技术文献出版社发行　全国各地新华书店经销
印 刷 者	虎彩印艺股份有限公司
版　　次	2016年12月第1版　2016年12月第1次印刷
开　　本	710×1000　1/16
字　　数	95千
印　　张	6.25
书　　号	ISBN 978-7-5189-2283-3
定　　价	36.00元

版权所有　违法必究

购买本社图书，凡字迹不清、缺页、倒页、脱页者，本社发行部负责调换

《2014—2016 年创新研究发展报告》

主 编：陈 红　刘东霞

编 委：（以姓氏笔画为序）

　　　　王文寅　王香花　石薛桥　张爱琴
　　　　段庆锋　赵公民　郭　强

前 言
Preface

中北大学"创新研究中心"是2014年5月经山西省教育厅批准建设的山西省高等学校人文社会科学重点研究基地。

创新研究中心成立以来,以"服务地方,特色定位,创新导向"为基本建设原则,面向山西省经济社会发展的战略需求,顺应山西省资源型经济转型综合配套改革试验区建设对创新研究的要求,统筹基础理论研究、应用对策研究,开展综合研究和战略预测研究,积极推进研究成果的转化应用。一方面开展决策咨询研究,积极发挥思想库和智囊团作用;另一方面,强化社会科学育人功能,指导大学生开展创业计划大赛,为各类企业提供管理培训和管理咨询服务,全面提升社会服务水平。

2014年5月—2016年5月,创新研究中心承担了14项创新发展方面的省域应用研究项目。经过2年的发展,创新研究中心已经成为为省域各级政府提供创新决策咨询与决策技术支持的重要基地。其间,还指导学生参加大学生创业计划大赛,获省级金奖及国家级各类奖项14项。

为促进创新研究中心发展,充分发挥本中心在区域经济社会发展中的作用,现对2014年5月—2016年5月间本中心承担的14项创新发展方面的应用研究项目进展情况与研究成果予以总结,以期为未来的研究工作提供发展思路。

创新研究中心将加强与地方政府合作建设咨询型智库,推出系列发展报告和政策建议,以扎实有力的研究成果服务于地方政府决策和经济社会发展。

目 录
Contents

一、山西煤基低碳科技创新体制机制、政策及方案设计研究 ····················· 1

  （一）项目概况 ·· 1
  （二）项目进展报告 ·· 1
    1. 项目研究意义 ·· 1
    2. 项目研究进展简介 ·· 2

二、中美两国支持科技型中小企业创新创业的政策法规与实践对比研究 ············· 10

  （一）项目概况 ··· 10
  （二）项目进展报告 ··· 11
    1. 项目研究意义 ··· 11
    2. 项目研究进展简介 ··· 11

三、"十三五"时期太原市新能源产业发展研究 ································· 15

  （一）项目概况 ··· 15
  （二）项目结题报告简稿 ··· 15
    1. 太原市新能源产业的发展环境 ··· 15
    2. 太原市新能源产业取得的成就与存在的问题 ································· 16
    3. "十三五"时期太原市新能源产业发展的指导思想、原则与主要目标 ············ 20
    4. 发展重点与产业布局 ··· 22
    5. 重大培育工程 ··· 26

  6. 保障措施 ······ 28

四、贫困地区科技创业机制研究 ······ 31

  （一）项目概况 ······ 31
  （二）项目进展报告 ······ 31
    1. 已完成的研究任务 ······ 31
    2. 目前研究存在的问题 ······ 32
    3. 下一步拟开展的研究任务 ······ 32

五、山西省企业主导产业技术研发创新的公共服务平台构建研究 ······ 34

  （一）项目概况 ······ 34
  （二）项目进展报告 ······ 34
    1. 项目研究意义 ······ 34
    2. 项目研究进展简介 ······ 36

六、山西省战略性新兴产业发展策略研究 ······ 42

  （一）项目概况 ······ 42
  （二）项目进展报告 ······ 42
    1. 项目研究意义 ······ 42
    2. 项目研究进展简介 ······ 43

七、基于高技术服务网络的小微企业创新发展研究 ······ 45

  （一）项目概况 ······ 45
  （二）项目进展报告 ······ 45
    1. 项目研究意义 ······ 45
    2. 项目研究进展简介 ······ 46

八、TRIPS 协议下知识产权保护水平与山西省创新能力耦合协调度研究 ················ 52

（一）项目概况 ················ 52
（二）项目结题报告简稿 ················ 52
1. 项目研究意义 ················ 52
2. 项目的研究内容 ················ 53
3. 项目研究结论与对策建议 ················ 55

九、基于创新系统的山西区域自主创新能力评价及提升对策研究 ················ 58

（一）项目概况 ················ 58
（二）项目结题报告简稿 ················ 58
1. 山西区域自主创新现状分析 ················ 58
2. 基于创新系统的山西省区域自主创新能力综合评价 ······ 61
3. 山西省区域自主创新能力提升对策和措施 ················ 63

十、山西高新技术产业创新集群建设及对策研究 ················ 67

（一）项目概况 ················ 67
（二）项目进展报告 ················ 67
1. 项目研究意义 ················ 67
2. 项目研究进展简介 ················ 68

十一、山西高新技术产业创新集群建设过程中的政府行为与政策选择研究 ················ 73

（一）项目概况 ················ 73
（二）项目进展报告 ················ 73
1. 项目研究意义 ················ 73
2. 项目研究进展简介 ················ 74

十二、山西省煤基低碳产业创新链技术评估研究 ……77

（一）项目概况 ……77
（二）项目进展报告 ……77
 1. 煤基低碳创新链技术专利模式研究 ……77
 2. 煤基低碳创新链技术成熟度研究 ……78
 3. 煤基低碳创新链经济、环境、社会效益综合评估研究 ……78

十三、创新驱动战略下制度创新对山西创新集群演化的影响及策略路径研究 ……79

（一）项目概况 ……79
（二）项目进展报告 ……79
 1. 项目选题背景 ……79
 2. 项目的创新点 ……80
 3. 项目取得的阶段性成果 ……81
 4. 下一步的研究工作 ……82

十四、山西省科技创新知识图谱及创新驱动战略优化研究 ……84

（一）项目概况 ……84
（二）项目结题报告简稿 ……84
 1. 绪论 ……84
 2. 科技创新知识图谱分析理论框架 ……85
 3. 山西省科技创新图谱构建及实证分析 ……86
 4. 山西省创新驱动政策研究 ……88

附录：创新研究中心指导全国大学生创业大赛 2014—2016 获奖名录 ……90

一、山西煤基低碳科技创新体制机制、政策及方案设计研究

（一）项目概况

《山西煤基低碳科技创新体制机制、政策及方案设计研究》来源于山西省科技厅，属于山西省重大软科学研究项目，项目在研，执行期间为：2014-12-01 至 2016-12-12。

项目组成员为：陈红、刘东霞、段庆锋。

依托本项目，课题组已发表学术论文 2 篇，录用学术论文 1 篇，分别为：

[1] 李晋豫，陈红，段庆峰. 基于专利分析的我国煤层气技术发展研究[J]. 科技和产业，2016（4）：120-124，142.

[2] 史利沙，陈红. CCS 技术发展现状及驱动政策述评——以中、美、英、澳为例[J]. 环保科技，2015（4）：60-64.

[3] 赵振霞，陈红. 基于专利数据的我国石墨烯技术发展现状及趋势分析[J]. 纺织导报，2016-09-18.

（二）项目进展报告

1. 项目研究意义

创新活动可以使组织保持持续的发展能力与强大的竞争力，提升国家自主创新能力，促进创新型国家的建设。创新活动包括技术创新与知识创新两类。知识创新为技术创新提供所需要的原理、方法等理论支撑，以高校与科研院所为创新主体。技术创新是以企业为创新主体，运

用现有的知识与资源改进现有或创造新的产品、生产过程或服务方式的技术活动。

创新活动受许多因素的影响，如个体创新动机、团队因素、组织创新环境、组织间合作创新活动及宏观环境政策的影响；产业化活动的影响因素更加复杂。

山西煤基低碳创新相关项目的立项，以及科技创新城的建设，作为煤基大省向煤技大省转型的重要举措，对了解各创新主体的主要创新活动的规律、动机、影响因素，制定山西煤基低碳科技创新政策，建立完善的煤基低碳创新体制、机制有重要的意义。

2. 项目研究进展简介

自立项以来，严格按照项目计划任务书，在规定的时间段完成了相应的工作。完成《煤基技术发展现状与趋势》、《煤基技术相关专利分析》、《煤基低碳技术成熟度分析》、《影响煤基低碳科技创新主体创新活动的因素及推进措施调研报告》等4个分报告与《山西煤基低碳科技创新体制机制、政策及方案设计研究》总报告。具体研究工作与研究结论如下。

（1）六大煤基产业链技术发展沿革与趋势分析

通过文献研究的方法，课题组对煤基低碳技术领域的六大产业链技术发展沿革与趋势进行了分析，主要包括：煤炭开采技术、煤炭洗选技术、煤化工技术、洁净煤发电技术、富碳农业及碳捕集与封存技术、煤基新材料技术。分析得到如下几个方面的结论：

①山西省煤炭开采技术发展大致经历了3个阶段：1950—1970年采用炮采技术和普通机械化采煤技术；1970—2003年采用综合机械化采煤技术；2003年至今，在安全、高效和绿色发展时期，采用了综采技术和绿色开采技术，其中，绿色开采技术包括煤炭地下气化、煤与瓦斯共采技术、充填采煤技术、保水开采技术等。

②重介质选煤将逐步取代跳汰选煤而占据主导地位。以简化工艺为核心的"1+1"炼焦煤选煤工艺和选前脱泥无压给料工艺为代表的高效重介质选煤工艺将是山西省选煤工艺的重点发展方向，但跳汰选煤仍是易

选煤的首选方法。煤泥的分选工艺益发精细化，浮选与其他分选工艺的结合更多地出现在煤泥分选中，粗煤泥的分选也受到了空前的重视。

③在煤化工技术领域，山西省以新型煤化工、精细化工与化工新材料为重点研究方向。

④在洁净煤发电技术领域，山西省在超超临界发电技术方面具有一定的优势，这主要受益于太原钢铁（集团）对其需要的特种材料的研究，如亚临界、超临界、超超临界电站锅炉用无缝钢管。

⑤碳捕集与封存技术主要包括3类：二氧化碳捕集技术、二氧化碳运输技术与二氧化碳封存技术。其中，二氧化碳捕集技术又有燃烧前、燃烧后、富氧燃烧3个主要发展方向；二氧化碳封存又有生态封存、地质封存、海洋封存和矿物封存等多种封存方式。

⑥在煤基新材料技术领域，山西省在多孔炭材料技术方面有较强的技术支撑能力，且有明显的区位和资源优势；在纳米炭材料与石墨烯等技术方面也具备了一定的技术领先优势，但是商业化程度仍有待提高。

（2）六大煤基产业链技术专利分析

利用SooPAT专利数据库与佰腾专利数据库，检索六大煤基产业链技术的专利数据，并据此分析这些技术的专利变化趋势。分析得到如下几个方面的结论。

①在煤炭的开采环节，通过对开采装备、地下气化技术及煤层气技术进行专利分析，发现开采技术与煤层气技术目前正处在快速发展期，而地下气化技术仍旧处于萌芽期。从专利分析结果可以看到，山西省作为产煤大省，煤炭开采相关技术专利出现较晚。对于该技术领域的3种技术：山西省煤炭地下气化技术专利几乎空白，有待突破；山西省在煤炭开采及煤层气技术领域专利申请排名全国前十，说明在此领域做得还是比较好的。另外，山西晋城无烟煤矿业集团有限责任公司、大同煤矿集团有限责任公司与山西潞安环保能源开发股份有限公司等是山西省煤炭开采行业的领头羊；太原理工大学与煤炭科学研究总院太原分院是山西省主要从事煤炭开采与综采技术领域研发的高校与科研院所。这些研发单位无论在专利申请量还是专利被引频次上都处于领先地位。建议山

西省人民政府制定相关政策来鼓励各大企业、科研院所和高校的研发活动，如实施低成本战略、项目引领、加大补贴和开发利用等优惠扶持政策。

②在煤炭的洗选环节，通过对跳汰选、重介质选及浮选3种关键技术进行专利分析，发现我国跳汰选技术已处于快速发展期，重介质选技术仅仅处于技术初步发展期，而浮选技术已逐步趋于技术成熟期。从专利分析结果可以看到，山西省作为产煤大省，重介质选专利出现最晚，专利数也最少；浮选和跳汰选专利出现较早，且浮选技术成熟度已近乎达到饱和状态。对于选煤领域的3种技术：在跳汰选煤工艺方面，山西省有6项发明专利（其中3项已在全球申请同族专利，太原理工大学申请同族专利2项），据此看出，山西省在该技术领域的研发质量水平尚可，但研发数量相对欠缺；在重介质选煤工艺方面，山西省在全国并无优势，一直处于跟随地位，重大工艺及设备仍主要靠进口，自主研发实力较弱，但因重介质选越发明显的主导地位，山西省在该技术领域有待进一步支持；在浮选工艺方面，山西省申请发明专利35项（其中12项在全球申请了同族专利，且1/3的核心、重要专利出自太原理工大学），山西省在浮选技术领域占据了优势地位。

③煤化工产业涉及的范围较广、技术过多，本报告选取了煤液化、煤气化和煤焦化3种技术进行分析。由于煤炭的气化、液化和焦化是整个煤化工产业的基础性技术，是进行其他化工合成的前提，故这3种技术有一定的代表性，能够反映当前煤化工技术的发展水平。通过在世界范围内对这3种技术进行分析可以发现，我国煤气化、液化和焦化技术领域在世界都处于领先地位，拥有一定的技术优势。这3种技术中只有液化技术尚处于技术发展期，煤气化和煤焦化技术已经逐步趋于技术成熟期。对国内3种煤化工技术分析发现，山西省的煤化工技术水平在全国一直处于领先地位，特别是在煤气化和煤焦化方面。在煤气化领域，山西省的专利数量在全国排名第二，其中，中国科学院山西煤炭研究所和太原煤气化股份有限公司的专利数量在全国专利申请人中排名前十；在煤焦化领域，山西省在全国排名第一，其中，太原煤气化股份

有限公司焦化厂和太原理工大学的专利数量在全国专利申请人中排名前十。作为煤炭资源大省,山西省要充分利用其在煤气化和煤焦化领域的技术优势,依托现有的煤化工企业和科研院所,大力发展高端精细化工。

④在煤炭发电环节,通过对我国超临界、超超临界发电技术,循环流化床技术(CFBC),整体煤气化联合循环发电技术(IGCC),加压流化床燃烧循环发电技术(PFBC)4种先进的洁净煤发电技术进行专利分析,发现我国超临界、超超临界发电技术,循环流化床技术2个领域整体刚刚进入成熟阶段,还有发展潜力;整体煤气化联合循环发电技术、加压流化床燃烧循环发电技术刚进入发展阶段。从专利分析结果可以看到:山西省在超临界、超超临界发电技术方面具有7项专利,主要集中在特殊钢材奥氏钢方面;山西省在整体煤气化联合循环发电技术方面具有7项专利,主要集中在脱硫剂方面;山西省在循环流化床技术方面具有106项专利,循环流化床是山西省4个发电领域里研发实力最雄厚的技术领域;山西省在加压循环流化床技术方面具有12项专利,排名全国第六。这说明山西省在先进的煤炭发电技术方面,已经有了一定的研究基础,循环流化床技术是山西省的优势领域,而整体煤气化联合循环发电技术、加压流化床燃烧循环发电技术都未曾涉及核心关键技术,如果选择发展,需引进相关技术。建议山西省人民政府制定相关政策,来鼓励各大企业、科研院所和高校的研发、合作,同时进行某些先进发电技术的示范项目。

⑤对富碳农业和碳捕集与封存技术的专利进行分析可以发现:在富碳农业领域,该技术的专利数量和申请人数量都比较少,尚处于技术萌芽期;在世界范围内,碳捕集和封存技术正处于快速增长期,其专利申请人和专利数量每年都有较大的增长速度,而我国对碳捕集与封存技术的研究尚处于萌芽期,专利申请人和专利数量都比较少。作为消除温室气体的根本技术途径,富碳农业和碳捕集与封存技术具有很大的发展潜力,符合低碳绿色发展的要求,因此,山西省应加以重视,加大此方面的技术研究,为未来的低碳产业发展做好技术储备。

⑥在煤基新材料方面，结合技术生命周期图和山西省相关专利申请情况，对煤基活性炭、碳分子筛、PAN基碳纤维、富勒烯、碳纳米管及石墨烯这些新材料技术进行专利分析，可以看出：煤基活性炭在我国仍处于发展阶段，山西省作为煤炭大省，发展煤基活性炭有着得天独厚的资源优势，而且具有较深厚的产业基础，应该加大相关技术的改进，增强自主创新能力，推进煤基活性炭的快速持续发展；我国碳分子筛处于发展成熟阶段，相关技术已经较完善，山西省是我国较早开始进行碳分子筛研究的省份，已经具备一定的技术储备，且中科院煤化所专利较多，应该进一步促进该技术成果的产业化；我国PAN基碳纤维已经实现产业化，山西省在高性能碳纤维方面具有较丰富的技术储备，也有科研院所与企业合作的成功实践，应继续支持其关键技术的突破发展；最近几年富勒烯专利申请量逐年减少，我国关于富勒烯的研究比发达国家晚，但发展趋势明显，山西省富勒烯专利申请量在全国排名第九，表明相关技术研究较多；我国碳纳米管技术处于发展阶段，山西省"十二五"规划重视纳米新材料产业发展，但相关技术专利申请量在全国排名没进前十，发展相关产业需引进技术；2008年至今石墨烯处于快速发展阶段，山西省煤化所和一些高等院校也进行了一些研究，但总体来看技术储备薄弱，距离产业化较远。

（3）煤基低碳技术成熟度研究

利用技术成熟度模型与问卷调研，重点对煤炭开采、煤化工、煤基新材料及富碳农业等煤基低碳技术领域开展技术成熟度研究。分析得到如下几个方面的结论。

①在煤炭开采领域，喷射式浮选机的工艺技术、煤与瓦斯共采技术、煤矿突水灾害防治技术、保水采煤技术和矸石填充采煤技术、煤泥重介工艺技术、自动化集成控制系统和煤泥加压脱水工艺技术成熟度较高，应加大对这些技术的科技转化和推广应用。助滤剂脱水工艺、振动流化床气分级工艺和微泡浮选柱工艺技术的成熟度低，其技术理论还较薄弱，基本处于概念研究的阶段，应该加大科技投入，使其快速进入实验室研究阶段。

②在煤化工领域，煤炭液化技术、煤炭气化技术、煤制甲醇技术、甲醇制烯烃技术、煤间接甲烷化技术和煤制天然气等技术成熟度比较高，具备较快投入实际应用的技术条件。企业应该加大对这些技术的科技转化和推广应用，能够给企业带来显著的技术进步。循环流化床锅炉技术的技术成熟度较低，还存在技术瓶颈，应该加大研究投入，推动该技术的完善。

③在煤基新材料领域，多孔炭材料技术已经处于技术成熟度最高的阶段，应该大力推广应用。纳米炭材料技术和石墨烯技术还更多地处于理论研究阶段，政府应加大引导，提高研发投入，促进高校及科研机构开展研究，以较早取得该领域技术创新的先发优势。

④在富碳农业领域，从二氧化碳捕集、运输到封存的技术均处于技术成熟度比较低的阶段。

（4）影响煤基低碳科技创新主体创新活动的因素及推进措施调研报告

课题组以深度访谈与问卷调查方式，对山西省多家煤基低碳领域创新型企业进行调研。在系统分析调研资料与问卷数据的基础上，剖析创新主体创新活动与产业化活动的影响因素，为相关政策提供参考依据。分析得到如下几个方面的结论。

①科研人员从事科技创新活动的影响因素主要有个体创新动机、团队因素、组织创新环境、组织间合作创新活动与宏观政策环境。

个体创新动机方面：关系需要与成长发展需要是个体创新的关键动机，成长发展的需要对科研人员取得成就有重要的作用。

团队因素方面：主要包括团队氛围、团队领导能力与团队凝聚力。

组织创新环境方面：包括组织的研发及创新激励制度、组织创新氛围与创新制度、高层管理者的战略意识、创新成果收益分配与奖励制度等因素。

组织间合作创新活动方面：获得合作者信息的渠道有限，合作期望一致性影响合作对象的选择，共建研发团队是产学研开展实质性合作的理想方式，共同的研发领域与技术支撑是组织间合作创新的基础，研发团队沟通情况影响组织间合作创新效率。

宏观环境政策方面：主要包括财政资金支持政策、创新氛围与制度建设。

②对研发负责人的调研进一步完善了影响因素研究框架，补充了对科研人员从事科技创新活动影响因素的分析。

利用扎根理论对研发负责人深度访谈的数据进行整理与分析得到：原来研究框架中所提出的创新活动组织创新环境、组织间合作创新活动与宏观环境政策等影响因素得到了验证。在组织创新环境层面增加了体制因素对创新活动的影响。体制因素对创新活动的影响主要包括两个方面：体制限制企业技术创新活动，国有企业与领导的考核制度也会限制企业技术创新活动。在宏观环境政策层面增加了政府主导研发项目与引导性政策等因素。引导性政策帮助企业寻求研发方向，促进企业技术创新活动的开展，通过限制落后技术、倡导有市场前景的新技术、吸引社会资本进入技术创新领域、鼓励市场竞争，进而激发企业技术创新的潜力。

对研发负责人的调研发现：

组织创新环境首先是影响企业开展自主创新的主要因素，其次为影响企业技术创新效率的因素，最后是企业成功进行创新研发的主要经验。

在组织间合作创新活动方面，获得科技人才是企业选择合作创新的主要动因；组织间形成合作的条件有获得合作者信息、高校提供理论支撑及选择实质性合作方式；影响产学研合作创新效率的因素有研发团队沟通情况、研发团队成员互补性、研发团队领导者能力及组织创新环境等。

在宏观环境政策方面，建立完备的研发服务平台可以有效提高企业技术创新的积极性；政府各类优惠政策不仅是企业研发活动中迫切需要的条件，而且可以调动企业技术创新的积极性；政府主导科研项目对提高企业技术创新的积极性也有一定的作用。

③影响产业化活动的因素包括内部驱动因素与外部推动因素。

内部驱动因素主要包括：充足的产业化资金、R&D 人员的积极性及市场开发能力等。

外部推动因素主要包括：完善的配套技术与设施、财税支持政策、科技中介机构支持、金融机构支持等。

④促进科技创新主体创新活动与产业化活动的策略建议。

促进科技创新主体创新活动的策略有：增加市场管理者胜任特征评价、建设高效的研发团队、优化组织创新环境、支持组织间合作创新活动、完善宏观环境政策等。

促进科技创新主体产业化活动的策略有：构建多元化融资渠道、调动 R&D 人员的产业化积极性、充分利用财税支持政策、支持配套技术研发与基础设施建设等。

二、中美两国支持科技型中小企业创新创业的政策法规与实践对比研究

（一）项目概况

《中美两国支持科技型中小企业创新创业的政策法规与实践对比研究》来源于山西省教育厅，属于山西省高等学校人文社会科学重点研究基地项目，项目在研，执行期间为：2014-05-01 至 2016-07-01。

项目组成员为：陈红、刘东霞、段庆锋、李向荣。

依托本项目，课题组已发表学术论文 7 篇，分别为：

[1] 赵文凤.中美支持中小企业政策构成对比及启示[J].河北企业，2014（12）：63-64.

[2] 李亚军，陈红.中美中小企业科技创新能力对比分析[J].河北企业，2015（11）：50.

[3] 李晋豫，陈红，赵文凤.美国中小企业局扶持中小企业模式及借鉴[J].河北企业，2015（12）：136.

[4] 赵文凤，陈红.改革开放以来中小企业扶持政策文本分析[J].科技和产业，2016（2）：64-68.

[5] 李亚军.美国中小企业创新政策分析及启示[J].时代金融，2016（3）：96.

[6] 陈红.美国中小企业创新创业法律演进特征及启示[J].科技创新与生产力，2016（10）：23-25，33.

[7] 刘东霞.美国中小企业创新创业管理服务机构分析及启示[J].科技创新与生产力，2016（10）：18-22.

（二）项目进展报告

1. 项目研究意义

随着知识经济时代的到来，科技创新日益成为一个国家经济发展的重要推动力量和国家竞争力的主要决定因素。在经济全球化时代，一个国家具有较强的科技创新能力，就能在世界产业分工链条中占据高端位置，就能创造促进国家经济发展的新产业，就能拥有重要的自主知识产权而引领社会的发展。总之，科技创新能力是国家发展的根本动力，是社会具有活力的标志，提高科技创新能力是国家经济发展的关键。

科技型中小企业作为国民经济的重要组成部分，在经济发展中起着战略性的作用。科技型中小企业凭借其创新能力、机制灵活的特殊优势，在促进技术进步、产业升级、经济增长和创造就业等方面发挥着重要作用。

党的十八大报告明确提出了实施创新驱动发展战略的要求，国家将通过一系列的政策措施来发展中小企业，促进高新技术产业的发展、推动产业结构的优化升级、促进区域经济发展。

美国作为世界经济和科技强国，中小企业是其经济的重要组成部分，也是最具活力和发展潜力的一部分。美国的产业结构呈现金字塔形，位于塔尖的是少数的大企业，而塔基是由绝大多数的中小企业组成。自 1953 年出台《小企业法》至今的半个多世纪以来，美国政府无论是在政府立法方面还是在社会中介服务体系建设方面都走在了世界的前列，其经验值得我们借鉴和学习。

因此，对中美两国科技型中小企业创新创业的法律法规和政策措施的对比研究具有一定的现实意义。

2. 项目研究进展简介

自立项以来，严格按照项目计划任务书，在规定的时间段完成了相应的工作。完成《中美两国科技型中小企业发展现状分析》、《中美支持科技型中小企业创新创业政策体系对比研究》、《中美高校及科研机构支持科技型中小企业做法对比研究》、《中美科技中介实践对比研究》、《中美区域扶持科技型中小企业案例分析》等5个分报告与《中美两国支持科技型中小企业创新创业的政策法规与实践对比研究》总报告。具体研究工作与研究结论如下。

(1) 中美两国科技型中小企业发展现状分析

通过文献研究与企业发展数据分析，总结得到：美国中小企业发展较早，而我国中小企业起步较晚，两国中小企业既有相同之处，又有不同之处。首先，从数量上看，中美两国中小企业发展迅速，数量都在不断增加。中国近年来中小企业的增长速度明显快于美国，但总量与美国相比仍有一定的差距。其次，从中小企业对国民经济的贡献来看，中美两国中小企业对经济的贡献都比较大。最新的统计数据显示，中国中小企业对经济的贡献率要高于美国，说明中国政府已经开始注重中小企业的发展，正在加大对中小企业政策的支持力度。最后，从行业集中领域来看，美国中小企业主要为知识、技术密集型企业，如计算机、程控、工程等，而中国中小企业主要为采矿、印刷、家具制造等劳动密集型企业。

(2) 中美支持科技型中小企业创新创业政策体系对比研究

在文献研究与对比分析的基础上得到：①美国建立了相对完善的法律体系以支持科技型中小企业的发展，同时还对中小企业的创新创业支持制定了专门的法案，规定明确，可操作性较强。而中国只有一部直接针对中小企业的法律，其他都是以意见、规定等形式来体现的，缺乏权威性。②与美国相比，我国至今还没有一个专门的官方机构负责中小企业的管理。美国从20世纪40年代起就设立了扶持中小企业发展的官方机构，成立了专门的中小企业组织管理部门——小企业管理局，建立了自上而下、协调统一的中小企业管理机构体系。而我国虽然在各部委设立了中小企业司，协调中小企业政策的制定，引导和鼓励中小企业的发展，但是其并非官方机构，因此不具有合法授权。③具体操作层面，美国建立了专门的融资体系，并且为中小企业的税收优惠制定了专门的法律，对于科技创新相关的技术服务建立了相应的服务部门及迄今为止的

1000多个创业中心。④美国政府除了制定政策，还匹配有政策执行评价措施。而我国制定的很多政策，只有前期要求，没有持续的监督政策设计，后期的政策措施执行会出现中断、前后措施没有连续性等问题。

（3）**中美高校及科研机构支持科技型中小企业做法对比研究**

通过文献研究与对比分析得到：①因合作历程比中国久远，美国高校及科研机构与小企业的合作方式更加成熟，更加多样化且专业化。企业与大学之间的合作研究以多种模式同时开展，包括单一企业与多所大学合作，多个企业与单一大学合作，单一企业、单一大学加政府支持的合作，多个企业、多所大学联合合作。②中国的"校企合作"方式都是单一零散式的，往往是某位教授或某个课题攻关项目与地方单位或公司合作，没有形成全方位、多层次的合作体系。此种模式的特点是灵活多样，适宜解决企业一般性的技术问题，尤其是中小企业在生产过程中遇到的难度较小、投资较少、技术含量一般的技术难题。

（4）**中美科技中介实践对比研究**

通过文献研究与对比分析得到：①美国政府建立了许多促进技术转移、信息传递等的国家直属科技中介服务机构；而中国政府直接设立的相关科技中介服务机构很少。②美国的社会性科技中介机构主要有工程技术研究中心、创业服务中心、企业孵化器，促进科技成果转化类的机构有生产力促进中心、科技咨询和技术成果评估公司；而中国的社会性科技中介机构主要包括生产力促进中心、科技孵化器。

（5）**中美区域扶持科技型中小企业案例分析**

通过案例研究与对比分析得到：①在加州政府层面，政策的制定与发布主要通过议会，即使各部门将政策草案提交两院，经议会通过的政策以法案的形式予以发布。因此，政策制定部门与政策执行部门分离，各部门分工明确，有利于政策的执行和监督。相较于加州，政出多门、政策制定机构和执行机构重叠是我国江苏省创新政策体系的突出特点。②在加州，尤其是硅谷，政府采购对中小企业发展作用很大。斯坦福大学为新创公司提供了很多创业人才，而这些新创公司能够存活在很大程度上是依靠政府采购的支撑。对于江苏，应该借鉴加州政府的做法，以政策为导向，鼓励应用性强的产品研发，并进行政府采购，扶持中小企业成长。③在融资环境方面，《2003年风险投资法》要求加州技术贸易与商务部制定加州新市场风险投资计划，使风险投资机构能对中、低收入地区的小企业进行风险投资。加州政府为中小企业创造良好融资环境的力度之大，相较之下，江苏对中小企业的融资支持力度明显不足。④在加州，大学和科研机构对中小企业的促进作用是非常巨大的，如斯坦福大学。而江苏则缺少同类规模、做法、实力的大学和科研机构。⑤在创业服务环境方面，加州形成了一套较完善的官方机构及社会组织相协调的创业服务体系。如加州在线获取业务、商贸配对、准许援助单元、退休高管的核心服务等，更系统地为中小企业初创及发展提供了信息、技术、管理等资源。相较而言，江苏创业服务体系大多依赖官方机构，虽然也设立了社会创业服务体系，但存在运行机制不健全、无法充分发挥创业服务作用的问题。

三、"十三五"时期太原市新能源产业发展研究

（一）项目概况

《"十三五"时期太原市新能源产业发展研究》来源于太原市发展和改革委员会，属于太原市发展和改革委员会重点招标项目，项目已结题，执行期间为：2015-03-01 至 2015-12-31。

项目组成员为：刘东霞、陈红、段庆锋。

（二）项目结题报告简稿

1. 太原市新能源产业的发展环境

我国政府提出：2020年我国新能源占一次能源消费的比重应该达到15%左右，天然气消费比重达到10%以上，煤炭消费比重控制在62%以内。"十三五"是我国加快培育和发展战略性新兴产业的关键时期，太原市新能源产业的发展一方面将得益于资源与环境约束造就的外部环境推动；另一方面，国际、国内与区域市场需求的拉动也将为新能源产业发展提供广阔的前景。

（1）环境压力日益加大

进入21世纪，世界工业化进程不断加快，化石能源的巨大消耗，二氧化碳等气体大量排放造成的温室效应，森林大面积砍伐，大气、水和土壤污染，严重影响了人类的生存环境。世界经济的快速发展、人口数量的增加，不可再生能源面临枯竭。寻求、开发可再生能源替代常规化石能源是支撑未来世界经济发展的基础，许多发达国家均已将发展新能

源提到了战略高度。在全球气候变暖的背景下，低能耗、低污染为特征的"低碳经济"已成为全球热点。新能源产业作为低碳能源系统的重要组成部分，是实现低碳经济的能源基础。

（2）新能源有广阔的应用前景

进入21世纪，由于政府的政策引导和市场的逐步成熟，企业加快了新能源技术的开发，技术实用性进展显著。我国新能源相关技术领域专利数量呈现快速增长趋势，在风电、核电、光伏发电、生物质能、地热能、新能源汽车领域的专利年均增长率均达到30%以上。与此同时，新能源产业化进程突飞猛进。随着消费者环保意识的提高，节能、环保及新能源领域产品的市场需求增加，为新能源产业的发展带来更多机遇。

（3）国家制定能源战略与新能源扶持政策

2012年以来，国家先后在新能源汽车示范推广、风力发电上网电价、分布式发电、太阳能光电建筑应用和生物质能开发等方面出台扶持政策，将新能源和节能环保产业定位为促进消费、增加投资、稳定出口的重要结合点和调整结构、提高国际竞争力的现实切入点，从战略层面布局国家能源结构改革。国家即将出台可再生能源配额制，强制要求发电企业承担可再生能源发电义务、电网公司承担风电义务、电力消费者使用可再生能源发电义务。

2. 太原市新能源产业取得的成就与存在的问题

（1）太原市新能源产业取得的成就

太原市新能源产业主要包括光伏发电、风力发电、生物质发电与水力发电等新能源发电领域和相关新能源装备制造领域。近年来，太原市新能源消费量不断增加，2012—2014年太原市新能源消费量占能源消费总量的比重分别为0.5%、0.65%、0.62%。

1）形成了一定的产业基础

太原市新能源发电为垃圾发电、太阳能发电、水力发电与生物质发电。2013—2015年太原市新能源发电装机容量不断攀升，分别为6.09万千瓦、14.09万千瓦与24.09万千瓦。新能源发电量快速增长，2012年太原市新能源发电量为1.07亿千瓦时;与2012年相比,2013年与2014年太原市新能源发电量分别增长29.91%与28.04%,达到1.39亿千瓦时和1.37亿千瓦时。生物质与水力发电是新能源发电的主要形式。2013年太原市生物质发电量与水力发电量分别为7287.07万千瓦时与6625.35万千瓦时,占新能源发电总量的52.37%与47.62%;2014年生物质发电量大幅增加至10 440.11万千瓦时,较2013年增长了43.27%,占新能源发电总量的76.18%,如水塔、紫林醋业等企业均利用醋糟发电;而水利发电量下降为3256.49万千瓦时,发电量较2013年减少了50.85%,仅占新能源发电总量的23.76%。积极利用地热资源,除用于地热发电,还用于供暖、休闲疗养、养殖等方面。沼气利用有序推进,发展沼气用户3.5万户。同时,太原市重视新能源产业投资,"十二五"期间累计投资约19.65亿元用于风电装备制造业技术创新能力改造,改造完成后实现销售收入约77.98亿元。

2)涌现了一批骨干企业

据山西省统计局的数据,太原市新能源企业主要集中在设备制造业、计算机通信和其他电子设备制造业、汽车制造业、电力热力生产和供应业。在风电装备、核电装备、太阳能电池与生产装备技术研发与制造方面具有一定实力,尤其是在太阳能电池生产装备、光伏产业原材料、太阳能利用研究等领域处于国内领先地位。

3)技术创新成果增长显著

受国家相关政策激励,太原市域内企业与科研院所关于新能源领域的专利成果显著增长,尤其是风电、光伏领域增长较快,专利拥有量较高。近10年来,太原市有15个项目获得山西省科学技术奖,获奖项目主要集中在光伏材料制备装备、风电装备、新能源供电系统方面。诸多创新成果为新能源产业发展奠定了坚实的技术基础。

4)重大项目及示范项目有序推进

近年来,太原市推动了一系列新能源产业重大项目与示范项目的实施。太原市先后与美国、英国、加拿大、德国等10多个国家在新能源领域开展国际科技合作,涉及风电装备制造、风力发电机节能控制装置、太阳能光热制冷新技术、太阳能光解水制氢催化剂、光伏材料研发、太阳能光电转换模组等技术。2015年太原市市级重大产业项目计划中,新能源及其配套产业领域项目11项,投资额达239.93亿元。

太原市开展了多项新能源示范项目,如:太原市第十二中学的太阳能游泳池供热水系统,比用煤气加热年节省费用约60万元;国瑞苑原生污水源热泵工程;晋瑞苑小区使用土壤源热泵技术取代传统的燃煤锅炉、燃气锅炉、电锅炉,取得了极佳的经济效益和社会效益。

(2)**太原市新能源产业发展中存在的问题**

太原市新能源产业发展起步晚,企业数量少,更缺少具有一定影响力的龙头企业,与国内先进地区比较尚有较大差距。

1)产业基础薄弱

目前,国家还未提出新能源产业统计标准,统计口径不一,很难得到该产业发展的准确数据。总体上看,太原市新能源产业以生物质发电、水力发电与太阳能发电及地热能产业为主,新能源消耗量仅占能源消耗总量的0.62%。产业规模小、企业数量少,是太原市新能源产业发展的现实基础。

2)技术创新能力弱

太原市新能源企业以中小企业为主,不少企业是近几年从传统行业转型而来的,在经营管理、资本运作、技术开发等方面相对欠缺,在与国内外优势企业竞争中处于不利地位。

太原市在风电、光伏领域有一定数量的专利,但研发能力有限,与东部沿海发达地区有很大的差距;在核电、生物质能与新能源汽车领域的研发尚处于萌芽阶段,专利数量少、核心关键技术占比低。此外,新能源领域产学研合作不紧密,各自为战现象较为突出。

3)产业链不完整

多数新能源企业主要从事加工业务,占据产业价值链高端的企业较少,产业链不完整,对整个产业的带动引领作用有限。如:太阳能光伏领域,仅在硅片生产、分布式电站施工、光伏产品销售等环节有一定竞争能力,但缺少光伏装备制造、多晶硅、晶体硅、太阳能电池与太阳能电池组件等环节的生产及储能技术的研发与产业化；风力发电领域，在发电机、齿轮箱、塔筒等环节有一定的竞争能力，但缺少叶片、偏航变桨减速器、智能控制、变流器及风资源评估规划设计、风电场并网运维等方面的配套生产与服务；新能源汽车领域，无论是产业配套，还是基础设施配套方面，太原市尚未形成覆盖面广、方便有效的汽车充电网络。

4）产业应用配套不足

新能源的利用是一个新能源系统的集成过程。如：太阳能可以用于采暖、制冷、发电，可以用于工业，也可用于农业，如烘干处理、温室大棚等；微网分布式新能源储能系统是由分布式电源、储能系统、能量转换系统、相关电力负荷、保护装置汇集而成的小型发、配、储、输、送的用电系统，可以实现就地发电、就地转换存储、就地发送，以变大为小、化整为散的模式高效集成。太原市缺少对新能源的系统集成能力，配套的技术研发及设施生产、应用尚处于空白。

5）科技金融服务水平落后

新能源产业的发展需要企业投入大量的研发经费和产业化资金，这不仅需要政府的财力支撑，而且需要有多种融资方式以获得社会资金的支持。太原市在金融创新及科技金融方面开展的工作非常有限，难以有效满足新能源产业发展对资金的需求，极大地限制了新能源产业的发展。

6）缺乏扶持政策

太原市先后出台了一系列促进新能源产业发展的政策，但存在扶持资金不足、扶持方案不具体、支持力度不够等问题。新能源企业大多属于高新技术企业，前期投资需求高，但由于扶持资金有限，而需扶持的项目较多，因此落实在新能源产业上的资金远远不能满足研发需要。政策引导主要针对新能源消费需求端，对研发机构的创新活动影响不强。此外，缺少对企业研发经费投入方式和渠道、研发和产出的效率、研发人力资源来源、配套服务水平等方面的扶持政策。

3. "十三五"时期太原市新能源产业发展的指导思想、原则与主要目标

（1）指导思想

围绕"低碳、创新、智慧"城市建设目标，面向国际与国内市场需求，以特色化、规模化为方向，以良好的创新体系与投资环境为支撑，以集聚产业资源要素为途径，有限项目、重点突破；发挥骨干企业带动作用，以风电、光伏、生物质能、煤层气领域装备制造，洁净能源开发利用等产业为核心，积极开拓地热能、新能源汽车、核能等领域，培育一批拥有自主知识产权、具有较大市场份额的高附加值产品，促进新能源产业集聚，形成完善的产业生态网络，使新能源产业成为太原市经济转型发展的战略先导产业和未来经济发展的支柱产业。

（2）基本原则

1）坚持政府主导，企业主体

强化政府在新能源产业发展中的主导力，把市场配置资源的基础性作用和优化产业发展环境相结合，充分调动企业创新积极性，整合科技资源，促进产学研合作。

2）坚持集聚开发，后发先至

把开发区和生态园区作为新能源产业发展的重要平台，引导企业向优势区集聚，合理规划布局关联项目，推进产业集群化、规模化、生态化发展。

3）坚持开放引进，创新突破

把提高自主创新能力放在重要位置，坚持原始创新、集成创新和引进消化吸收再创新相结合，大力扶持具有自主知识产权及成长优势的研究成果，加快产业化推进步伐。大力引进国内外企业、研究机构和中介服务机构，通过合资合作、配套协作、战略联盟等方式加速外地资本本地化进程，增强对本地新能源产业发展的带动作用。

4）坚持项目带动，重点跨越

集中有限资源，聚焦有限优势领域，重点发展有比较优势的特色产品，以关键领域取得突破带动新能源产业链整体竞争力不断提升。以大

项目带动新能源产业优势领域跨越式发展,着力推动本地优势企业与国内外大集团合作。

5)坚持示范应用,协同推进

结合低碳城市建设,制造与应用互动,推进太阳能光伏分布式发电、新能源汽车、地热能等新能源应用示范项目,逐步培育从装置成套供应、工程设计到建筑施工的系统能力,扩大新能源产品在城市公用设施和居民生活中的应用。

(3)主要目标

到2020年,新能源产业发展具备相当规模,建立起比较完整的产业技术支撑平台与产业配套体系。

"十三五"主要预期目标:

1)产业整体规模扩大

新能源汽车产值达到约600亿元,其中,年产煤层气重卡2万辆、燃气发动机2万套、燃气汽车燃料储存设备10万套,燃气汽车产业产值突破100亿元;电动汽车年产2万辆,产值达到500亿元。

清洁能源产值年均增长率达到约31.95%,产值较"十二五"末翻两番;太阳能光伏产值年均增长率达到约14.86%,产值较"十二五"末翻一番;风电设备与生物质能设备规模显著增加;地热能、核电装备等领域发展迅速,总量显著提高。

新增风电装机规模达到30万千瓦左右,年均新增光伏装机规模达到6万千瓦左右;新能源消费年均增速达到3%左右。

2)产业竞争能力进一步增强

加快培育拥有自主知识产权、核心竞争力强、主业突出的大企业集团和大批科技型中小企业,形成大中小企业紧密配合、专业分工协作完善的产业组织体系。到2020年,培育年销售产值超10亿元的企业2~3家,年销售产值超5亿元的企业5~8家。

3)空间布局显著优化

引导新能源产业向相关开发区或工业园区集中,形成空间集聚效应。

4）示范应用全面推进

实施"屋顶阳光发电示范工程""浅层地热能示范项目""甲醇、燃气与电动汽车示范工程"等新能源应用示范计划，通过示范项目应用促进产业发展。争取应用光伏发电的公共建筑、企业厂房、住宅小区等屋顶面积超过50万平方米，累计实现太阳能光伏综合应用规模达到25兆瓦；增加地热开采量，公共建筑、住宅小区等地热供热面积达到2500万平方米；推进公交、政府公共用车应用甲醇、燃气与电动汽车。

4. 发展重点与产业布局

（1）发展重点

1）大力发展分布式能源

支持分布式电源设备、燃气轮机、余热锅炉、压缩式制冷、吸收式制冷、蓄冷蓄热等冷热电三联供系统设备的研发与生产。

积极开展工业余热、余压、余气发电及多联供技术，分散布局建设的并网型风电、太阳能发电技术，小型风光储等多能互补发电技术，天然气多联供技术，煤层气（煤矿瓦斯）发电技术，与建筑物结合的用户侧光伏发电技术，以农林剩余物、畜禽养殖废弃物、有机废水和生活垃圾等为原料的气化、直燃和沼气发电及多联供技术的研发与产业化发展。

2）推动太阳能光伏、光热产业集聚

在太阳能光伏装备制造方面，以晶体硅设备制造为核心，积极推动硅片生产设备、太阳能电池设备的规模化发展，鼓励组件生产设备的研发与生产。

以电池及组件研发和产业化为核心，向配套材料、关键装备和中下游应用产品等方向延伸，形成从硅料、太阳能电池及组件到系统集成、电站工程总承包的完整产业链。发展大面积超薄硅片和浆料回收利用技术，加强硅料熔铸、剖锭及切割等关键技术创新。支持非晶微晶硅薄膜电池、单晶硅薄膜电池、碲化镉（CdTe）薄膜电池、铜铟镓硒（CIGS）薄膜电池等新一代产品的研发和产业化生产。支持聚光光伏、光热技术的发展和设备制造。以建筑一体化太阳能光伏组件和集成系统为重点，加强光伏系统集成技术和控制器、逆变器等相关产品的研发。

推动硅料、浆料及太阳能电池用光伏超白玻璃、背板、EVA膜、封装材料、密封材料等配套产业的发展。依托太原理工大学、山西大学光电研究所及中北大学光电实验室，加大对光伏电站设计、并购运维技术及储能技术的研发。

大力推动聚光光伏、光热技术研发与产业化，重点关注三结砷化镓电池的技术研发与引进。以太原锅炉集团为核心，加强光热储能技术与新能源热力设备的研发，推动各类热泵、热力系统核心部件及高技术含量阀门等设备与部件的产业化生产。

3) 引导风电产业高水平发展

与国内外大型风力企业和研究中心合作，以风电成套机组设计和组装为核心，带动风电关键零部件、配套件发展，重点开发高速齿轮箱、机舱、轮毂、底盘、主轴、回转支承、叶片等关键配套件，建设国内重要的风电设备制造基地。

提升兆瓦级以上成套机组设计研发能力，重点发展大功率双馈式发电机组、直驱式发电机组和液压式主传动发电机组设计制造等关键技术；积极开发质量稳定、方便实用的家用风电整机。

鼓励风电机组企业从单一制造向工程总承包及风力电站开发方向延伸，积极参与国内外大型工程建设。开发变频、变桨控制、驱动设计制造技术、数字化风力发电厂调度控制技术和并网控制系统等关键技术和产品，形成自主制造能力。

推动风资源评估规划设计与风电场并网运维技术研发与产业化；加快在阳曲、古交、万柏林区、尖草坪区等风力资源丰富的区县布局风力发电项目。

4) 完善新能源汽车产业链

抓住新能源汽车发展机遇，重点支持多点电喷技术研发与产业化，新能源发动机、变速箱等核心部件生产，扶持天然气公交车、纯电动城市公交车等新能源汽车的整车生产。在电动汽车领域形成客车、乘用车电动汽车整车生产企业各1家和5～8家关键零部件企业；在燃气汽车领域，形成以1～2家整车生产企业为核心，近100家原材料及多级零部件配套企业集聚化发展的燃气汽车产业集群。

以大功率、高能量动力锂电池核心技术研发和产业化为重点，加强正负极材料、电解液和电芯等电池核心件的配套生产，以及电池模组及电池管理系统的开发，建立较为完整的动力锂电池产业链；积极发展阀控密封蓄电池、镍氢电池等其他新型动力电池。

支持甲醇、煤层气生产企业的发展，为甲醇、燃气汽车的示范应用推广提供燃料支撑；布局建设充电桩、甲醇加注站与燃气加气站等基础设施，建设充换电站20座，充电桩3000个；建成加气站110座，形成覆盖全市的加气站服务网络。

5）积极培育生物质能发电产业

依托大型电力设备制造和机械加工基础，开展生物质能发电锅炉及核心配套零部件的研究和制造。支持机械加工类企业积极参与生物质能发电设备配套件的研发生产；引导适合居民小区生物质能发电设备的研发与产业化；推动城市生活垃圾发电、酿造企业粮食残渣发电示范项目的建设。

6）开展地热能的综合开发与利用

依托骨干装备制造企业，开展地源热泵等关键设备的研发与产业化。开展地源热泵示范项目，总结太原市杏花岭区"塞纳西畔"公寓楼发展地热能的经验，采用污水源热泵、地源热泵技术，选择具备规模化条件的产业聚集区、城镇居民区、学校和事业单位，通过系统集成优化，建设热力集中利用示范工程，利用城市原生污水作为恒温水源介质，通过热泵主机为建筑物冬季供暖、夏季制冷，并附带提供生活热水。

（2）产业布局

立足现有产业基础，适应太原城市功能调整布局要求，按照有利于促进研究开发与产业化联动发展、产业集聚集群发展、产业城市生态相互协调的要求，以国家级和省级开发区为主要载体，引导产业要素资源向园区集聚发展，优化产业空间布局，着力构建"一核、两翼、多板块"的空间布局框架。"一核"即太原高新技术开发区，是新能源产业研发和孵化的核心园区;"两翼"即太原经济开发区和清徐经济开发区,是太原新能源产业发展的重要集聚园区;"多板块"即市域其他有条件发展新能源产业的区县。

1）太原高新技术开发区

充分发挥国家级高新技术产业开发区集聚科技、教育、人才资源的优势,以太原理工大学、山西大学、中北大学国家级大学科技园及高新区科技创业服务中心等为依托,建设一批为新能源技术研发和产业化服务的专业孵化器,增强核心关键技术自主研发能力,努力成为全省新能源技术研发的核心和创新型企业孵化的重要基地。

2）太原经济开发区

加强与国内外大公司在新能源技术领域的合作,发展高转换率晶硅太阳能光伏电池、三结砷化镓电池及组件,加快薄膜太阳能电池研发生产,积极发展单、多晶硅电池,非晶硅薄膜电池生产设备及全过程自动化控制等关键技术和设备,积极利用公共设施建设太阳能光伏示范电站,形成较为完备的太阳能光伏产业体系。依托太重集团、汾西重工等骨干企业的风力研发、生产基地建设,积极推动轮毂、主轴、调桨机构（液压或电动伺服机构）、偏航机构（电动伺服机构）、刹车（制动机构）、风速传感器、发电机、励磁调节器（电力电子变换器）、并网开关、软并网装置、无功补偿器、主变压器转速传感器等汽车关键零部件制造在园区内的集聚。

3）清徐经济开发区

依托园区内已有的现代装备制造业的生产能力,开展生物质燃烧锅炉、焚烧锅炉、高效气化装置、热解液化装置等生物质能发电关键设备的研发;全力推进经济开发区与现代农业示范园区内生物质能发电项目的建设;依托园区现有汽车零部件生产企业,积极开展新能源汽车配套零部件的研发与生产。

4）太原不锈钢产业园区

依托太锅集团的研发与生产能力,联合太原理工大学、中国科学院山西煤炭化学研究所、山西天和煤气化科技有限公司等,推动循环液化床、增压液化床等洁净燃烧技术的研发与产业化；依托太钢集团，加快超临界发电设备关键材料的研发与生产；依托设备制造及铸锻行业基础，积极发展风电和核电设备关键零部件的生产制造。

5）太原工业园区

重点发展太阳能光伏、太阳能聚热、风力发电、生物质能发电、地热泵等新能源装备制造；建设太阳能光伏分布式发电示范项目；依托山西宇星客车有限公司，积极研发甲醇、燃气与电动汽车的关键零部件，并在园区内形成完整的新能源汽车产业链。

6）西山与古交工业区

依托山西焦煤集团，开展煤层气开采技术的研发与产业化；在西山区块，利用塌陷区建设太阳能光伏地面电站；利用西山风力资源建设风力发电项目。

7）娄烦工业区

利用娄烦县内闲置的荒山、荒地，建设太阳能光伏地面电站。

8）万柏林煤电工业区

依托山西焦煤集团、西山煤电集团，开展整体煤气化联合循环发电系统（IGCC）的研发与产业化，积极推动 IGCC 示范项目的建设。

5. 重大培育工程

实施产业基地创建、龙头企业培育、创新能力提升、应用推广示范等工程，全面提升新能源产业发展的规模和水平。

（1）**产业基地创建工程**

推进国家级新能源示范园区——西山生态产业园区的发展，建设西山节能环保与新能源装备制造产业园，按照产业发展定位着力引进大企业、大项目，形成骨干企业和配套企业相互协同的产业格局，尽快形成产业集聚优势。

以太重集团为龙头，建设太重风电产业园，吸引风电装备制造领域的配套企业入驻，形成相对完善的风电装备制造产业链，发挥规模效应。

推动太原经济开发区、清徐经济开发区、太原不锈钢产业园区、太原工业园区、西山与古交工业区的新能源产业特色化、规模化、集聚化发展，完善新能源产业链，努力成为省级新能源产业基地。

（2）龙头企业培育工程

推动创新型企业规模发展。组织实施新能源创新型企业培育计划，根据技术、市场前景和企业管理规范确定培育重点，在财政补贴、项目融资、土地供给等方面给予重点支持。

着力引进大企业与大项目。主动跟踪国内外新能源产业重点区域和重点企业的发展动向，结合太原市新能源产业发展的实际需要，筹划、论证、筛选建立重大产业项目储备库，吸引国内大型企业投资，同时要求中标企业建设相关产业的配套落地项目。

培育有实力的新能源企业。支持太重集团、太锅集团及中国电子科技集团公司第二研究所等大型国有企业在新能源领域的研发与产业化，培育传统优势产业骨干企业向新能源产业转型；支持省电力设计院、电科院在分布式能源领域的研发与产业化，积极与驻晋的五大电力集团合作建设分布式能源项目；充分利用省内科技资源丰富和区位条件优越的优势，引导省内大型民营企业发展新能源产业项目；千方百计培育和促进中小科技型新能源企业发展壮大和实施技术成果转化，加快产业化进程。

（3）创新能力提升工程

提升高等院校与科研院所的创新能力。引导驻并高等院校、科研院所和企业科研机构加强新能源领域学科的建设和关键技术研发。支持高校、研究院所的重点实验室、工程研究中心建设成为省级重点实验室、工程研究中心。

提高企业技术创新能力。推动驻并骨干企业建设省级新能源企业技术研发中心；加强省市合作及与国家级科研机构的技术合作，在风电设备、三结砷化镓电池、新型动力电池、生物质燃烧锅炉等方面共同组建开放运行的公共技术创新平台。

着力发展专业孵化器。鼓励和支持骨干企业与高校、科研机构合作组建新能源产业科技创业服务中心，推动各专业孵化器的资源信息共享、分工协作，努力构建规模化的孵化器网络体系。

（4）应用推广示范工程

屋顶阳光发电示范工程。在城市建筑物、公共设施等建设与建筑物一体化的屋顶光伏分布式发电站；在道路、公园、车站等公共设施推广使用光伏电源路灯照明，在省内高速公路收费站推广使用光伏发电，扩大光伏发电利用量，积极拓展光伏产业市场空间。

浅层地热能示范项目。在晋源区、杏花岭区及小店区等地热资源丰富区域，采用地源热泵技术，建设热力集中利用示范工程，进一步推进太原市地源热泵实践的推广应用。

西山生态产业区微电网示范项目。在西山生态产业区建设微电网系统，利用分布式发电技术，实现太阳能光伏、风能、煤层气、生物质能及煤矸石等多种能源分布式发电的并网运行，为大规模推进微电网在山西省及国内其他省市的应用提供实践经验。

甲醇、燃气与电动汽车示范工程。在政府公务用车、市公交体系中大力推广使用混合动力汽车、纯电动汽车、甲醇与燃气汽车，建设网络化的新能源供应基础设施系统，为新能源汽车大规模推广创造条件。

6. 保障措施

（1）加强组织领导

发挥太原市新能源产业发展领导小组的统筹协调作用，整合太原市经委、建委、科技局、财政局、电力局、交通局等部门资源，形成推进新能源产业发展的合力，建立健全管理机制，加强对全市新能源产业发展工作的指导，研究解决工作推进中的重大问题，认真做好规划的具体落实，切实抓好重大项目的组织推进。

（2）强化政策导向作用

贯彻落实国家及山西省关于新能源产业发展的各项扶持政策，帮助企业争取国家政策资源，引导企业加大投资规模，提升产业层次。

加大税收优惠政策落实力度，对经认定符合条件的新能源企业，落实企业自主创新投入所得税前抵扣、高新技术企业所得税减免、鼓励类项目进口设备和资源综合利用项目税收优惠等政策；出台相应配套政策，明确符合条件的新能源企业、分布式能源企业，新增税收市得部分全额返还，对生产性设备允许加速折旧，所购软件可按固定资产或无形资产核算，折旧或摊销年限可适当缩短。

实行新能源发电补助政策。对2017年年底前建成并网发电且优先使用太原市企业生产组件的分布式光伏发电项目，按其装机容量给予0.1元/瓦奖励，连续奖励3年；对太阳能光伏发电、风电、生物质能发电、煤层气发电项目，按燃煤脱硫机组标杆电价加价0.25元/千瓦时给予补贴；对分布式能源系统使用的燃料价格予以优惠。

设立市级新能源产业发展财政专项扶持资金，每年不少于500万元，用于扶持新能源产业的龙头企业和重大新能源项目建设，支持重点技术研发与产业化、公共服务平台和示范项目建设；对纳入国家及山西省新能源研发、应用计划范围的项目给予配套资金支持。

设立分布式能源技术研究专项资金，扶持、鼓励企业引进、消化、吸收国外先进技术，并在此基础上实现自主创新。

将太原市新能源产品列入政府采购目录，在市政、公共建筑及重点工程建设等方面优先使用本市产品，发挥应用示范效应。

（3）积极搭建融资平台

搭建银企对接合作平台，定期向金融机构推介新能源产业重点项目。金融机构要加大信贷支持力度，并争取给予贷款优惠利率，担保公司（特别是有政府背景的担保公司）应优先为新能源项目提供贷款担保。对实施新能源技改、产业化的项目给予2%～3%的贷款贴息和一定的保费补贴。

优先支持符合产业规划导向的重点企业在"新三板"挂牌融资。鼓励社会资金参与新能源项目建设，探索建立政府资金参与引导、民间资本主导运作的产业发展基金模式，激活民间投资热情。

支持采用BOT、BT、TOT、EMC等融资模式建设新能源项目，改善资本结构，化解产业投资风险。

（4）提高自主创新能力

鼓励企业增加研发投入，加强对企业技术开发费加计扣除等激励政策的贯彻落实，考核与资助结合，扩大财政对技术创新的资助力度，引导更多社会资金投入新能源技术创新。鼓励企业与企业、高校及科研院所建立技术战略联盟，采取联合出资、共同委托等方式进行合作研究开发，提升产业技术水平。

（5）吸引优秀人才聚集

鼓励企业与高校联合定向培养新能源产业方面的硕士、博士研究生，支持高等院校、科研机构和企业联合建立博士后流动站和工作站。

探索激励新机制，通过环境留人、制度留人和物质留人，让各类人才有更大的发展空间。

充分发挥市场机制在人才资源配置中的基础性作用，利用多种灵活方式吸引国内外智力资源，对于新能源技术高端人才的引进给予政府补贴，努力形成高端人才集聚优势，提高研发和创新能力。

四、贫困地区科技创业机制研究

（一）项目概况

《贫困地区科技创业机制研究》来源于科技部，项目在研，执行期间为：2016-01-01 至 2016-12-01。

项目组成员为：郭强、白利忠、李志博、武跃丽、牛芳。

依托本项目，课题组已发表学术论文1篇，投稿学术论文1篇，分别为：

[1] 刘冬梅，郭强，王伟楠. 贫困地区中小企业创新发展的特征与需求研究——以秦巴山区连片特困地区为例[J]. 中国科技论坛，2016（1）：144-149.

[2] 郭强. 政府在农村科技创业中的角色定位与影响因素研究[J]. 中国科技论坛.（投稿）

（二）项目进展报告

1. 已完成的研究任务

项目立项以来，课题组成员严格按照项目计划任务书，在规定的时间段完成了相应的工作。按照项目计划任务书，项目共包括8个主要环节：①详细设计方案（包括各部分的详细设计方案）；②专家咨询（包括国际专家）与会议研讨；③个案调查；④数据收集；⑤补充分析与调查；⑥数据分析；⑦各部分研究；⑧总研究报告。

项目严格按照项目申报书上的时间节点有序开展，目前已进入第4个阶段。具体完成的任务为：

①细化研究方案，召开第一次小型专家咨询讨论会，开始进行资料与数据搜集。这一阶段的主要目标是通过与专家讨论，再次确定研究内容，并通过文献整理，确定研究路线。

②开始全面搜集各专题研究资料，同时展开个案调查。这一阶段的主要目标是通过实地调研和数据搜集，对当前我国农村科技创业的整体现状和典型特征有所把握。

③利用已收集到的材料和数据进行试分析，同时继续进行个案调查与抽样调查；进行专题综述与规范分析，同时召开第二次小规模的专家座谈会。这一阶段的主要目标是利用调研所得材料开展分析，通过规范研究与实证研究相结合，找出当前我国农村科技创业面临的现实问题，并在专家讨论的基础上，对研究方向和内容再次进行修正。

④完成所有调查过程，并对结果进行分析；开始进行规范化分析并撰写分报告。这一阶段的主要目标是利用相关数据和典型案例，对任务书中拟定的研究内容进行全面分析，重点探讨互联网背景下，我国农村科技创业的路径及机制，分析相关政策在农村科技创业过程中的作用。

2. 目前研究存在的问题

从目前项目运行的情况看，最大问题在于调研数据的获得，由于贫困地区的人口稀少居住分散，调研起来费时费力，且数据质量不高。针对这个问题，考虑在假期招募部分贫困农村的在校大学生，借用他们假期返乡的时间，完成问卷调查。

3. 下一步拟开展的研究任务

①完成所有数据及案例分析。对专题报告进行讨论、修改与汇总，继续补充调查，开始撰写总研究报告。这一阶段的主要目标是在前期调研和报告撰写的基础上，开展区域比较分析，总结研究结论，撰写总研究报告，向相关政策部门提交主要观点以实现政策支撑。

②修改并完善总报告，并召开第三次专家座谈会，进行论证与鉴定。这一阶段的主要目标是在完善总报告的基础上，结合专家意见，对

本研究的主要研究内容和观点进行再次确认,并开展相关结题工作。同时通过投稿、发表研究报告等方式,最大限度地对主要研究结论进行传播,扩大研究工作的影响力。

五、山西省企业主导产业技术研发创新的公共服务平台构建研究

(一)项目概况

《山西省企业主导产业技术研发创新的公共服务平台构建研究》来源于山西省教育厅,属于山西省高等学校人文社会科学重点研究基地项目,项目在研,执行期间为:2015-06-01 至 2017-07-01。

项目组成员为:王文寅、闫莹、刘东霞、张克勇、牛芳。

(二)项目进展报告

1. 项目研究意义

(1)立项背景

本课题所谓企业主导产业技术研发创新,是指以企业为主导来进行产业技术的研发和创新,这里的企业主要是指国有大中型企业和民营科技型企业。

党中央和国务院十分重视企业技术研发和创新,2012年9月中共中央国务院在《关于深化科技体制改革加快国家创新体系建设的意见》中指出,要建立企业主导产业技术研发创新的体制机制,加快建立以企业为主体、市场为导向、产学研用紧密结合的技术创新体系。国务院在2013年发布了《关于强化企业技术创新主体地位全面提升企业创新能力的意见》,指出要进一步完善引导企业加大技术创新投入的机制,鼓励和引导研发投入以企业为主,支持企业建立研发机构和推进重大科技成果产业化,完善面向企业的技术创新服务平台等政策。

五、山西省企业主导产业技术研发创新的公共服务平台构建研究

山西省为贯彻落实中央关于科技创新的重大战略部署，2011年制定了《山西省企业技术创新"十二五"发展规划》，明确提出了企业技术创新的指导思想、总体目标、技术创新的重点和主要措施等内容。2013年，山西省委省政府颁布了《关于深化科技体制改革加快创新体系建设的实施意见》。2014年，山西省人民政府印发了《国家创新驱动发展战略山西行动计划》，标志着山西省创新驱动战略步入了新的实施阶段。

近年来，山西省企业在省委省政府有关科技创新的战略部署和具体规划指导下，在全省企业技术创新工作者的共同努力下，产业技术创新有了长足的发展，整体科技实力和科技竞争力稳步提升。但是，山西省自主创新能力还不够强，企业技术创新主体地位没有真正确立，产学研结合不够紧密，科技与经济结合问题没有从根本上解决，原创性科技成果较少，关键技术自给率较低，等等。究其原因，一方面是企业财力有限，但主要原因在于制度机制和政策体系不完善，包括面向企业技术创新的公共服务平台不完善。

（2）立项目的

美国技术哲学家卡尔米切姆把作为过程的技术的表现形式归结为：发明、设计、制造和使用。产业技术是技术演化到产业层面的存在形态，是生产技术的体系化。科学技术创新分成3种类型：知识创新、技术创新和现代科技引领的管理创新，其中，技术创新是社会发展的"硬件"。

企业是产业技术创新的主体，加大企业技术创新投入、提升企业技术创新效益是全面提升科技创新水平的重要前提和途径，而这又离不开政府、研究机构等的支持。实际上，企业进行产业技术研发创新本身是一个社会系统工程，单靠企业是不够的，需要有一个面向并服务于企业的由政府、研究机构、中介组织等构成的服务系统。

本项目研究的目的在于，有力促进在山西全省建立健全面向企业技术创新的支持系统和保障机制，这对于提高山西企业创新能力和提升全省科技创新水平具有全局和长期的影响。

(3) 立项意义

目前，山西省企业进行产业技术研发创新还存在动力不足、条件不足的问题。例如，2013年全省投入R&D经费155亿元（其中企业R&D经费127.8亿元），投入强度为1.23%，在全国处于中位偏下位置。就企业科技投入而言，不少省属国有企业R&D投入占同年主营业务收入的比例低于1%。其他指标如R&D人员投入量、设备自动化程度、新产品效益、专利拥有量等，也大体位于"中部中位，全国偏下"。就公共服务体系而言，由于缺乏一个较为完善的联合与互补的协调机制，区域内各类技术创新服务系统之间实现协同服务不够顺畅，全社会的技术创新资源未能得到较好的整合。这些都严重制约了山西省科技和经济的发展步伐。

面向企业技术创新的公共服务平台，是区域创新系统的重要组成部分。技术创新离不开政策的保障，技术创新的公共服务平台是企业技术创新工作的重要推动器，是引导企业加大技术创新投入的指南，是技术创新工作顺利有效实施的重要保证，对技术创新工作具有引导性、前瞻性和制度性。因此，为了引导山西企业加大技术创新投入的力度，建立能够满足技术创新需要的公共服务平台至关重要。

2. 项目研究进展简介

该项目为山西省高等学校哲学社会科学项目，立项1年来，主要完成了前期的理论研究工作。具体完成工作如下。

（1）梳理国内外相关文献

许多国外研究者对技术创新过程进行了研究。Rothwell和Zegveld认为技术创新过程是一个复杂的交互网络。在这个网络中，企业的内部组织、外部组织、企业内部的各种功能、科学技术和市场之间都存在着复杂的交互关系。Rycroft和Kash在《复杂性的挑战：21世纪的技术创新》一书中，从生产、技术与组织3个方面分析了技术创新是一个内部复杂系统化的过程。这也是对技术创新理论复杂性研究的代表之一。Martin从产业经济学角度指出技术创新是企业的策略性行为，技术创新可以让企业获得策略性优势，从而实现企业的盈利目标。Freeman 在研究日本政府在企业技术创新中的地位与作用后得出结论：社会政治制度是推动技术创新的关键因素。Nelson 认为国家是科学技术知识的主要提供者。Freeman 首先提出了国家创新体系的概念，认为政府因素对技术创新具有举足轻重的作用。佩特尔和帕维蒂则从激励结构和激励机制的角度阐述政府在技术创新中的作用，认为政府在建立激励机制、对技术创新进行资助及帮助企业培训方面有着重要的作用，主要体现在：一是对基础研究和教育等市场失效的方面及面向企业的培训；二是对创新之后短期垄断利润的激励和来自模仿的竞争压力的平衡。

另外，西方经济学家对政府 R&D 补贴的理论研究较为深刻，其中外部性及市场失灵是政府对企业创新活动予以干预并进行补贴的经济学理论基础。Arrow 的 R&D 活动外部性理论奠定了政府对企业创新活动进行干预的经济学基石，他认为 R&D 活动与公共物品的属性类似，以致个体投资者在创新结束后无法获得新产品带来的全部市场收益，因此在市场条件下会削弱企业创新的积极性，此时就需要政府通过 R&D 资金的补贴扩大研发资金的供给，纠正 R&D 活动的市场失灵现象。

而 Lichtenberg 和 Wallsten 的研究表明，政府资助在一定程度上挤出了企业的研发投资，降低了行业的整体研发投入水平。Bygrave 和 Timmons 的研究表明，美国 1980 年前后投资所得税税率降低等系列政策法规的调整，引起了创新资本量的迅速增加，但投资所得税与创新资本总量并不存在显著的相关关系。

Tommy 的实证结果表明，研究补贴推动了企业内部的研发支出。Oliviero 采用意大利制造业部门企业综合数据，基于非参数的匹配过程进行估计，结果表明：公共援助对私人 R&D 投资产生了积极影响，受资助的企业比没有获得研发资助时实现了更多的私人研发活动。Bjor 等根据东德企业样本数据，使用倾向评分匹配模型对公共研发资助对私人部门 R&D 活动的影响进行了实证研究，结果表明：受资助的企业确实表现出了更高的 R&D 强度。Liliana 和 Gloria 分析了发补贴对创新活动的额外影响，即内部 R&D 支出的配置和创新过程的经济报酬，结果表明：

公共资金刺激了企业应用研究和技术开发领域的投资，但并未扩大基础研究领域的投资。

国内研究者分别从技术创新资源投入、构建企业技术创新机制、构建技术创新服务平台、区域技术创新能力形成机制、政府R&D资助对企业R&D支出的影响等方面进行了研究。

第一，在技术创新资源投入方面：曹勇等提出在开放式创新环境下，仅仅依靠内部研发投入来衡量企业技术创新投入是不够的，他将技术创新资源投入分为研发投入和非研发投入。李武威认为，技术创新资源投入中的研发投入包括科技人员投入和研发经费投入，非研发投入包括专利和创新费用、技术购买费用、技术引进费用、技术改造费用及消化吸收费用等。吴波将企业技术创新资源投入分为创新资源投入强度、技术购买投入、合作研发投入和技术/互补资源投入4方面进行研究。陈劲和陈钰芬提出企业全面创新投入框架，指出其由企业内部研发投入、企业外部知识投入和企业非研发投入3部分构成。此外，陈劲和吴波提出了企业全面创新投入的思想，指出在技术创新过程中，各个部门需要密切配合、互相融合才能完成技术创新。

第二，在构建企业技术创新机制方面：赵耀莺认为企业技术创新机制可分为企业利益驱动机制、技术的投入、技术开发组织、企业的激励机制及市场导向机制。姜百臣从政策、市场、R&D投入机制、融资、产学研和服务体系等方面对我国技术创新机制存在的问题进行了深入的分析，并提出了相应的对策与建议。刘中文、张峰通过分析中国企业技术创新的现状，探讨了企业技术创新机制模型，外部机制、内部机制及内外部驱动力间的逻辑结构共同形成了企业的技术创新机制。

第三，在构建技术创新服务平台方面，毕克新等针对中小企业的研究表明：①创新能力的提升具有积极的引导和促进作用；②政府在技术创新服务平台构建中扮演着重要乃至主导角色，主要通过构建政策体系对企业的技术创新活动给予激励和保护；③技术创新服务平台的构成具有层次性——不仅包括由政府提供的法律政策体系和财政税收体系，而且包括其他组织提供的金融服务体系、信息服务体系和营销服务体系等。

第四，在区域技术创新能力形成机制方面：陈清泰指出在促进企业成为创新主体的过程中，关键要调整好政府、企业和市场的关系，政府应发挥重要的作用。王志坚从分析技术创新特征、当代企业技术创新特点和中国企业技术创新存在的障碍出发，结合实证分析的有关结果，提出发挥中国政府在企业技术创新中作用的重要性。

第五，在政府 R&D 资助对企业 R&D 支出的影响研究方面：解维敏等利用我国 2003—2005 年上市公司数据，李平和王春晖利用我国 2001—2008 年行业面板数据，白俊红利用我国 1998—2007 年大中型工业企业分行业数据，研究发现：我国政府 R&D 资助对企业 R&D 投入具有显著的激励效应。但刘凤朝和孙玉涛利用我国 1990—2004 年相关数据发现，我国政府 R&D 资助对其他非政府科技投入有不显著的挤出效应。贺晓宇在经验归纳法、博弈分析法和数据研究法的基础上，运用跨学科相关理论就政府 R&D 补贴对中国企业技术创新激励作用方面的问题进行了深入的研究。刘小元、林嵩以创业企业为特定研究对象，从技术创新资源配置和创新产出双重视角，实证研究了地方政府补贴和所得税优惠对创业企业技术创新的影响，考察了以中国市场分割为特征的转型经济背景下地方政府行为对创业企业技术创新的影响。

综上，目前研究以技术创新、技术创新投入、技术创新机制、政府政策对企业技术创新的重要影响为主要研究内容，但缺少对企业主导产业技术研发创新方面的研究。

（2）明确课题研究的目标

本项目将结合山西省实际，研究如何构建一个由政府、企业、银行、科研院所和社会组织等多层次主体构成的技术创新服务综合系统。通过该综合系统可以优化配置政策、资金、人才和信息等要素和资源，为企业营造技术创新软环境、搭建公共服务平台、提升企业技术创新能力。

该服务平台的结构框架如图 5-1 所示。

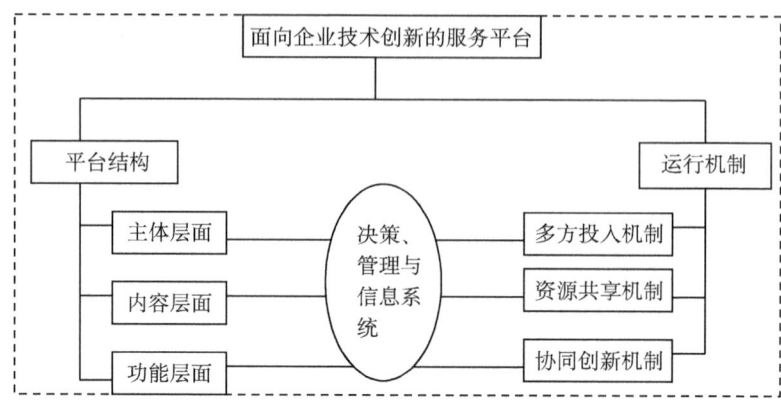

图 5-1 公共服务平台的结构框架

在该研究目标下,确定出具体研究内容:山西省企业主导产业技术研发创新及其服务平台的现状研究,山西省企业产业技术研发创新的资源需求研究,政府、研究机构、中介组织的支持系统研究,面向企业产业技术研发创新的服务平台研究,企业主导产业技术研发创新的对策研究。

(3) **确定课题的研究思路和方法**

针对山西省实际,在分析现状和问题的基础上,研究企业主导产业技术研发创新的基本原理、实现路径、体制机制,结合国内外相关实践的经验,提出企业主导产业技术研发创新的保障机制和对策建议。在技术创新公共服务平台上,政府具有无可替代的重要作用,各级政府要鼓励和引导企业加大研发投入,大力培育创新型企业,充分发挥其对技术创新的示范引领作用。政府在政策制定方面需充分调动全省各技术创新单位的积极性和创造性,发挥全省技术、人才、资源等方面的优势,使各种技术资源能积极主动地投入到企业技术创新领域。同时,企业要认真落实国家有关鼓励企业技术创新体系的政策法规,制定相关规章制度,努力加大技术创新的投入力度,着力构建以企业为主体、市场为导向、产学研相结合的技术创新体系。

在研究方法上,采取归纳和演绎相结合、定性定量相结合的方法,突出问题导向、创新导向、对策导向。在现状分析上使用调研和归纳方法，在问题分析上结合实证分析方法，在机制设计上适当引入模型分析方法，在可行性研究上可使用验证方法。

确定的项目研究框架如图 5-2 所示。

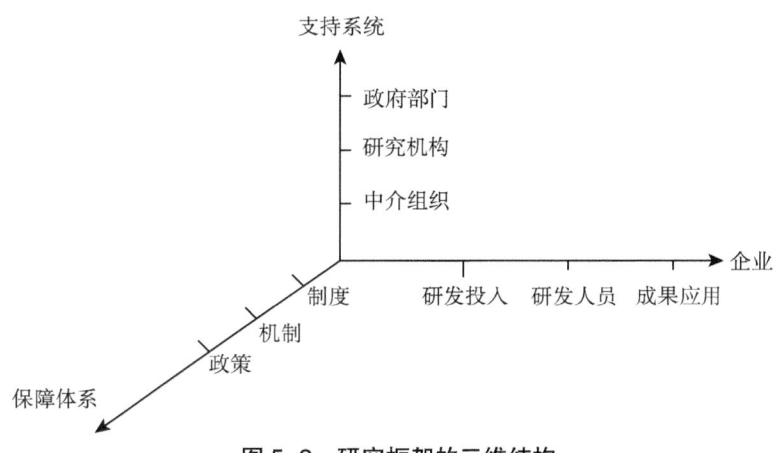

图 5-2　研究框架的三维结构

（4）明确下一阶段的任务

用 2 个月的时间，分期分次走访企业、政府、高校、研究所、中介机构，调研相关问题，获取相关资料，写出调研报告。调研问题包括：企业的研发投入及创新性成果，政府对企业研发创新的支持及不足，高校、研究所与企业的科研联系，中介机构的服务模式及改进等。

在此基础上，综合运用科技经济学、知识管理、公共管理等理论，对山西省企业主导产业技术研发创新现状和存在问题进行深入而全面的分析，寻求问题的症结所在。

设计山西省企业主导产业技术研发创新的框架、机制、运行，并通过向相关主体（企业、政府、高校、研究所、中介机构）征求意见，确定可行性方案，并提出山西省企业主导产业技术研发创新的对策建议。

六、山西省战略性新兴产业发展策略研究

（一）项目概况

《山西省战略性新兴产业发展策略研究》来源于山西省科技厅，项目执行期间为：2014-07-01 至 2016-07-01。

项目组成员为：赵公民、闫莹、朱向梅、吕微、曾强、秦莲莲。

依托本项目，课题组已发表学术论文2篇，分别为：

[1] 秦莲莲，赵公民.基于AHP-FCE法的旅游服务供应链绩效评价研究[J].商业经济研究，2015（35）：115-117.

[2] 张晓宏，赵公民，郭盛.企业创新氛围影响服务创新绩效的机制和路径[J].商业经济研究，2015（19）：86-88.

（二）项目进展报告

1. 项目研究意义

山西省位于我国的中西部，是重要的能源重化工基地，多年以来形成了以煤炭开采、能源生产为主的单一产业结构。这种产业模式曾经为山西乃至全国经济的发展做出了突出贡献，但是在全世界经济产业结构快速调整，科学技术水平突飞猛进的时代，这种初级化产业结构的弊端日益凸现，市场需求反应滞后、环境污染严重、资源利用率低等问题已成为阻碍山西省经济发展的重要因素。当前，我国正处于中华崛起的重要时期，是实现四个现代化战略布局必经的阶段。促进山西产业结构的优化升级，实现山西资源型经济转型，有助于推动我国经济的快速发展。

2010年12月，国务院正式批准山西省国家资源型经济转型综合配

套改革试验区的成立。山西省成为我国设立的第9个综合配套改革试验区，也是第一个全省域、全方位、系统性的国家级综合配套改革试验区。综合配套改革试验区的设立，充分表明近年来山西省在产业结构调整、促进经济发展方面的努力获得了认可，同时也意味着山西省在今后的资源型经济转型发展中将会面临更大的机遇与挑战。

在此种背景下，山西省利用自身有利条件，抓住机遇，在国家"新能源、新材料、节能环保、高端装备制造、生物、新一代信息技术、新能源汽车产业"七大战略性新兴产业体系的基础上，结合自身实际，发展"现代煤化工、煤层气"两大新兴产业，形成"7+2"模式的战略性新兴产业发展格局，把战略性新兴产业的培育和发展放在推进山西省产业结构调整和经济发展方式转变的显要位置。在充分挖掘现有结构优势基础上，不断选择和培育适合山西省经济发展的主导产业，这对于明确山西产业结构调整思路，不断推动产业结构优化和升级，最终实现资源型经济成功转型具有重要的现实意义。

2. 项目研究进展简介

项目立项以来，课题组成员严格按照项目计划任务书，在规定的时间段完成了相应的工作。完成《山西省产业结构现状分析》、《山西省产业结构调整效率和新思路分析》、《山西省战略性新兴产业评价》、《战略性新兴产业选择与区域产业结构调整分析》、《山西省产业结构调整的方向分析》等5个分报告与《山西省战略性新兴产业发展策略研究》总报告。具体研究工作与研究结论如下。

（1）**山西省产业结构现状分析**

课题组对山西省经济和产业发展现状进行分析，通过DEA方法验证山西产业结构调整的效率，找出山西省产业结构中存在的问题。认为：山西省优化调整产业结构，转变经济发展方式，应以战略性新兴产业的培育和发展为突破口。

（2）**山西省战略性新兴产业评价**

在对山西省产业结构现状分析的基础上，从经济社会效益、增长潜力、核心技术、关联效应、可持续发展、政策支持6个层面建立山西战略性新兴产业发展适宜度评价指标体系，运用云模型对山西省产业方面专家的问卷进行定量评价计算。采用定性定量相结合的方法将山西省战略性新兴产业划分为3个梯度，评价出最适宜山西省发展的战略性新兴产业。研究表明：战略性新兴产业的发展是以培育区域新一轮主导产业为目的，亟须将战略性新兴产业作为山西省的战略支撑和新的经济增长点，推进产业结构优化升级。

（3）山西省产业结构调整的方向分析

在山西省九大战略性新兴产业中，现代煤化工为优先发展的第一梯度产业；新材料产业、新一代信息技术产业、煤层气产业、节能环保产业、新能源产业、高端装备制造产业为第二梯度产业；新能源汽车产业和生物产业为第三梯度产业。山西省战略性新兴产业的形成、发展和演进是产业集群和产业制度安排下路径选择的结果，并通过回顾效应、旁侧效应和前瞻效应影响整个产业结构。基于此，分别从3个梯度战略性新兴产业的发展提出山西省产业结构调整的方向。

七、基于高技术服务网络的小微企业创新发展研究

（一）项目概况

《基于高技术服务网络的小微企业创新发展研究》为山西省高等学校131领军人才项目，项目在研，执行期间为：2016-04-30至2018-05-01。

项目组成员为：赵公民、周娟美、焦建美、赵晓霞。

（二）项目进展报告

1. 项目研究意义

小微企业创新作为国家经济增长与技术创新的重要力量，是近年来学术关注的热点与国家政策导向的焦点。2013年与2014年，国务院召开了2次以"小微企业"为主题的常务会议。2014年，支持小微企业的税收优惠政策被写入政府工作报告，进一步明确了支持小微企业发展是新一届政府治理中国经济的重要且持续的举措。2015年年初，国务院出台发展"众创空间"的政策，为小微企业创新提供开放综合的服务平台。另一方面，随着高科技与现代服务业的紧密结合，高技术服务的地位日益提升，并呈现出明显的网络化发展趋势。充分利用高技术服务高附加值、高创新性和高渗透性等特性，充分借助高技术服务网络，谋求小微企业创新发展，以此根本性解决小微企业创新的困境，对于政府部门制定小微企业创新政策和推动经济持续发展具有重要的政策指导意义。

①分析高技术服务网络的结构特征，强化高技术服务网络的理论支

撑，揭示高技术服务网络对小微企业创新的作用机制，扩展了社会网络理论研究的范围。

②学术界关于小微企业创新发展的文献很少，更鲜有从高技术服务网络角度进行的研究，本研究开创了全新的小微企业创新研究视角，也为小微企业创新发展提供了新的理论依据。

③从高技术服务网络角度，探索并总结小微企业创新发展的规律，提出小微企业创新发展对策与政策建议，对于我国小微企业的生存和长远发展，具有重要的战略意义。

④本课题的研究结论，对于政府部门的政策制定与评估也有重要的推广价值，有助于当前明晰政府进一步对小微企业作为的政策共识。

2. 项目研究进展简介

该项目为山西省高等学校 131 领军人才项目，自立项以来，主要完成了部分前期工作。具体完成的工作如下。

（1）梳理国内外相关文献

当前，国外学者们在研究资产、人员与经营规模都非常小的经济单位——小微企业时，主要集中于创业教育（Oosterbeek 等，2010；Ismail，2014）、发展困境（Karlan 等，2012；Verma 和 Dave，2013）、管理运行（Smit 和 Watkins，2012）等方面。国内研究源起于 20 世纪 90 年代后期，因在国有企业产权制度改革过程中小企业的重要作用凸显，引起学术关注。2011 年以后，因中央政府对小微企业的重视引发了更多的学者研究。从目前文献分析，其仍属很新的领域，虽然研究进展很快，但关于小微企业的融资研究一枝独大。学者们详细论述，其融资瓶颈、融资模式创新、时代背景变化、政府职能转化等内容（郑九歌，2012；姚铮等，2013；徐洁等，2014；文丰安，2014；王定祥等，2014），也有少数文献关注科技型小微企业的创新（郑季良，曾荣，2014），认为协同创新是其必由之路（杨波，2014），在内生增长与外生增长机制的非线性作用下成长演进（李森森，张玉明，2014）。

关于中小企业创新的研究始于学者们对企业规模与创新效率关系的

争论，随着探索的深入，该主题得到越来越多的认可。近期研究呈现多样性：在中小企业创新绩效方面，重点考虑服务分包（Kumar，2010）、区域环境（Lee，2012）等内容；在中小企业创新战略方面，主要论证其与中小企业创新资源、能力和绩效（Van，2013）的相互影响及具体行业的选择依据（张磊，2009；戴元元，2012；杜坤，2013）；此外，学者们还研究了中小企业创新与知识创造（Purcarea，2013）、研发活动（Raymod，2010）、生产力（Hall，2009）等的关系，以及中小企业创新路径优化（周爱华，2010；隋鹏飞，2012；刘军跃，2009）、创新能力评价（张丹，2007；吕一博，2011；杨雪星，2013）与创新政策分析（李卫红，2009；唐晓云，2011；汤临佳，2013）等内容。

"高技术服务"首次出现在英国的罗伯特·哈金斯协会的《世界各国知识竞争力报告》中，相关研究于20世纪90年代后期才开始。近期，国外学者集中关注高技术服务对于制造商创新的影响（Aramand，2007）、高技术企业综合技术创新能力评价（Wang和Chun-hsien，2008）、高技术产业与服务创新的关系（Wang和Chao-Hung，2014），以及高技术服务在区域创新过程中的显著作用（Rodriguez，2014）。在国内，高技术服务从《2003年度科技型中小企业技术创新基金若干重点项目指南》中最早被提及，逐渐得到学者关注（×××，2007），已经从早期的概念特征解析转向当前的发展模式及机制的分析（姚战琪，2012；梅强，2013；×××，2013）、产业集聚效应及影响因素分析（蒋彦，2009；胡建，2012）及项目能力评价分析（×××，2012；陈仕鸿，2014）等领域。针对当前高技术服务的集聚态势，曾有学者（2013）提出，高技术服务融高技术和现代服务业于一体，受到制造业服务化趋势、生产性服务市场需求转换和全球价值网络重组的驱动，已经形成复杂的具有网络关系的组织结构。

起源于20世纪60年代的社会网络理论与企业创新结合后研究成果不断，最新的研究主要集中于社会网络视角下的企业创新能力与潜力（Fatima和Enrique，2014；王贤梅，2009）、创新合作与合作网络（Zeng，2010；吴晓伟，2010；孙亚男，2012）、创新风险（王国红，2011）、创新扩散（Hanool，2010）、创新绩效（何炳华，2013；李作战，2010；朱晓琴，2011）及创新网络构建（王波，2008；唐丽艳，2012；贾楠，2013）等内容。Leea 和 Sungjoo（2010）提出，网络化是促进中小企业开放式创新的有效途径。

总体来看，运用社会网络理论，立足高技术服务的视角探索小微企业创新的研究尚且匮乏，把小微企业嵌入高技术服务网络中寻求其创新之道，改变原有就企业谈企业或者只关注小微企业融资问题的局限性，需要深入、系统的理论探讨与实证支持。

（2）明确课题研究的主要内容

通过前期的分析、讨论，课题组最终确定了本课题研究的主要内容包括以下6个方面：

①高技术服务网络的理论建构与内容解析。在经济发展过程中，高技术服务作为新技术和创新的主要提供者和传播者，呈现分明的网络演化趋势。系统研究其理论基础，完成对高技术服务网络的概念界定、特质、功能及结构分析，并详细论述其对经济发展的冲击及带来的新机遇。

②客观、系统地分析小微企业创新发展的现状及存在问题。在文献分析的基础上，对当前小微企业创新发展的现状进行梳理，并通过具有针对性的实地调研，发现小微企业在创新发展过程中存在的问题，进一步明确小微企业在基于高技术服务网络的环境中更有利于其创新发展。

③基于高技术服务网络的小微企业创新动因分析，并构建动因模型。在分析基于高技术服务网络的小微企业创新内外部动力因素基础上，构建基于经济利益、客户需求、市场竞争、技术更新等因素的动因模型。对众多因素的重要程度进行主从排序，并对这一模型深入分析，提炼影响小微企业在高技术服务网络中创新发展的主要因素及驱动力。

④构建基于高技术服务网络的小微企业创新整体运行机制。以用户需求、人力资本、技术扩散、知识扩散、外部资源整合等因素为基础，构建以市场网络、技术网络和社会网络为核心的运行子机制，并进一步探讨运行子机制之间的关系和协同运行的整体机制，最后形成基于高技术服务网络的小微企业创新整体运行机制。

⑤构建评价指标体系并进行绩效评价。采用基于 Vague 集的多目标决策方法，建立高技术服务网络下小微企业创新发展的绩效指标体系，并通过案例分析，对基于高技术服务网络的小微企业创新绩效进行评价。

⑥提出促进小微企业创新的对策。在上述研究基础上，分别考虑市场网络、技术网络和社会网络 3 个子机制，根据用户需求、人力资本、技术扩散、知识扩散、外部资源整合等因素提出具体对策，从而促进小微企业的创新发展。特别地，对小微企业创新如何借力国家刚启动的"众创空间"新政策及高校、地方如何联动落实，进行充分研究。

（3）理顺课题的研究思路

从小微企业创新的现状与存在问题出发，在生态经济学、演化经济学、组织行为学、社会学等多学科相关理论研究的基础上，找到小微企业通过高技术服务网络实现创新的途径。

首先，收集和整理国内外关于小微企业创新、高技术服务和社会网络的相关文献，为高技术服务网络理论应用于小微企业创新奠定理论基础。

其次，结合小微企业的自身特点构建基于高技术服务网络的小微企业创新的动因模型。

再次，将高技术服务网络细分为市场网络、技术网络、社会网络 3 个层次，分别通过相关中介变量的作用来影响小微企业创新，并根据这 3 种子机制构建基于高技术服务网络的小微企业创新整体运行机制。

最后，运用基于 Vague 集的多目标决策方法并结合不同企业案例，从高技术服务网络视角对小微企业的创新绩效进行评价，在评价结果的基础上，明确基于高技术服务网络的小微企业创新发展对策。

（4）确定课题的研究方法

通过对研究内容的深入分析，课题组最终确定采取如下 2 种方法展开相关内容的研究：

①文献研究与实地调研相结合

通过对小微企业创新、高技术服务及社会网络的相关文献研究，为高技术服务网络理论应用于小微企业创新提供理论依据，并采取问卷调查、实地调研及个人访谈方式收集国内典型的小微企业相关数据，以了解小微企业创新发展的现状与存在问题。

②定性分析与定量分析相结合

运用要素分析方法构建基于市场网络、技术网络和社会网络的高技术服务网络的小微企业创新运行机制。同时，采用层次分析法建立创新绩效评价指标体系，用案例研究法和比较方法分析若干典型小微企业的创新发展现状，并基于 Vague 集的多目标决策方法来评价基于高技术服务网络的小微企业创新能力。遵循逻辑分析，完成高技术服务网络下提升小微企业创新能力的对策研究。

（5）制定课题的具体研究计划

2015 年 2 月—2015 年 10 月，系统研究其理论基础，完成对高技术服务网络的概念界定，特质、功能及结构分析，并详细论述其对经济发展的冲击及带来的新机遇。完成分报告一《高技术服务网络的理论建构与内容解析》。

2015 年 11 月—2016 年 2 月，在文献分析的基础上，对当前小微企业创新发展的现状进行梳理，并通过具有针对性的实地调研，发现小微企业在创新发展过程中存在的问题，进一步明确小微企业在基于高技术服务网络的环境中更有利于其创新发展。完成分报告二《小微企业创新发展的现状及存在问题》。

2016 年 3 月—2016 年 9 月，在分析基于高技术服务网络的小微企业创新内外部动力因素基础上，构建基于经济利益、客户需求、市场竞争、技术更新等因素的动因模型。对众多因素的重要程度进行主从排序，并对这一模型深入分析，提炼影响小微企业在高技术服务网络中生长和发展的主要因素及驱动力。完成分报告三《基于高技术服务网络的小微企业创新动因分析》。

2016 年 10 月—2017 年 2 月，以用户需求、人力资本、技术扩散、知识扩散、外部资源整合等因素为基础，构建以市场网络、技术网络和社会网络为核心的运行子机制，并进一步探讨运行子机制之间的关系和协同运行的整体机制，最后形成基于高技术服务网络的小微企业创新整体运行机制。完成分报告四《基于高技术服务网络的小微企业创新整体运行机制》。

2017年3月—2017年5月,采用基于Vague集的多目标决策方法,建立高技术服务网络下小微企业创新发展的绩效指标体系,并通过案例分析,对基于高技术服务网络的小微企业创新绩效进行评价。完成分报告五《小微企业创新绩效指标体系构建及评价》。

2017年6月—2017年8月,分别考虑市场网络、技术网络和社会网络3个子机制,根据用户需求、人力资本、技术扩散、知识扩散、外部资源整合等因素提出具体对策,从而促进小微企业的创新发展。完成分报告六《促进小微企业创新的对策》。

2017年9月—2017年12月,整理分报告研究成果,撰写总报告。

八、TRIPS 协议下知识产权保护水平与山西省创新能力耦合协调度研究

（一）项目概况

《TRIPS 协议下知识产权保护水平与山西省创新能力耦合协调度研究》为山西省哲学社会科学项目，来源于山西省哲学社会科学规划办，项目已结题，执行期间为：2014-12-05 至 2016-05-01。

项目组成员为：石薛桥、王继仓、郝华荣。

（二）项目结题报告简稿

1. 项目研究意义

TRIPS 协议，即《与贸易有关的知识产权协议》，是世界贸易组织（WTO）成员共同遵守的保护知识产权的国际规则。我国是 WTO 的成员，全面执行 WTO 的 TRIPS 协议，因此也卷入了大量的区域知识产权保护的贸易纠纷，而关于发展中国家在 TRIPS 协议约束下的知识产权保护问题本来就颇受争议（张亚斌，2007）。不可否认知识产权制度是对人力智力成果及相关成就的保护，它可以使得知识产权所有者暂时拥有知识产权带来的排他性收益，从而鼓励创新。但从另一个角度看创新，创新又是打破旧的知识产权体系，变革现有的知识产权制度。这两者存在着天然的内在纠葛关系，所以现在有越来越多的学者开始怀疑知识产权对创新的促进作用，特别是对于发展中国家创新能力的促进作用，可能会损坏国家创新经济的发展。

本课题的研究目的是：从 TRIPS 协议下区域知识产权保护与区域创

新能力的相互关系入手，运用物理学的耦合的相关非系统的理论来分析二者之间的相互作用机制，并构建耦合度和耦合协调度模型；得出了在 TRIPS 协议下区域知识产权保护水平与区域创新能力并不是一种线性关系，而是一种交互耦合关系的结论；并且采用实证的方法分析山西省当前知识产权保护与区域创新能力的耦合协调现状，根据结果寻找出能够促进两者关系耦合的主要因素。

本课题不仅研究了影响区域知识产权保护水平的因素和区域创新的理论因素，还把两者结合起来深入探讨，通过运用物理学的耦合度理论，从一个新的角度来探讨 TRIPS 协议下的知识产权保护水平同区域创新能力之间的关系，得出了 TRIPS 协议下知识产权保护水平和区域创新能力存在耦合协调关系的机制，实现交叉研究，进而使得本研究内容具有一定的理论意义和应用价值。

当前，我国经济发展处于重要转型时期，正在实行的创新国家和创新驱动发展战略都是建立在 TRIPS 协议下，在知识产权保护的前提下增进区域的创新能力，以促进区域创新经济发展。本研究对影响区域创新经济发展的知识产权保护水平与创新能力两者进行了耦合度理论分析，并建立了模型，使得这种关系的作用程度可以量化。为缩小山西省与发达区域创新经济发展的差距，依据耦合度分析结果提出建议，使得山西省的知识产权保护水平和创新能力能够耦合协调发展，因此本研究具有一定的现实意义和应用价值。

2. 项目的研究内容

本课题紧紧围绕"山西省的知识产权保护水平和创新能力能够耦合协调发展——推动山西经济转型"这条主线进行研究。首先对知识产权及其保护水平和区域创新能力的相关概念进行界定，分析构成和影响两者的指标，寻找两者之间的耦合机制。其次通过构建耦合模型和耦合协调度模型，寻找两者相互作用的耦合机制及两者共同作用于区域创新经济的协调程度。然后结合山西省的实际发展状况，通过对构建模型进行分析，对在 TRIPS 协议下山西省知识产权保护水平与区域创新能力的耦合度进行实证分析，得出耦合协调度结果。最后根据结论提出通过完善 TRIPS 协议下知识产权保护水平与山西省创新能力的协调发展程度来促进山西省创新经济进一步发展的建议。

主要研究内容如下。

（1）**绪论**

主要包括研究背景、目的、意义、主要内容及方法。

（2）**TRIPS 协议下知识产权保护水平与区域创新能力耦合度理论概述**

通过分析 TRIPS 协议下的知识产权保护水平和区域创新能力等的基本概念，分析了知识产权保护水平度量的 RR 方法和 GP 方法，还分析了区域创新能力的构成要素。同时介绍了耦合度的概念和理论应用，并且分析了 TRIPS 协议下知识产权保护水平同区域创新能力的耦合机制，得出这两者存在着耦合关系，可以用耦合度理论进行分析的结论。

（3）**耦合度理论及模型分析**

主要分析了耦合度和耦合协调度的函数模型，并且分析了 TRIPS 协议下的知识产权保护水平同区域创新能力耦合度的序参量的指标选取原则及构成耦合度的评价体系。得出了 TRIPS 协议下的知识产权保护水平由国际条约成员、保护覆盖范围、执法机制、专利保护期限和保护的损失条款 5 个方面构成，而区域创新能力由区域技术创新的投入能力、产出能力、扩散能力和支撑能力这 4 个方面构成的结论。最后用层次分析法得出了区域创新能力耦合度各个序参量指标的权重，为实证分析打好了理论基础。

（4）**TRIPS 协议下知识产权保护水平与山西省创新能力的耦合协调度分析**

根据构建的模型，从《山西省统计年鉴》、《中国科技统计年鉴》等获取相关数据，对基于 GP 方法的 TRIPS 协议下知识产权保护水平和山西省的区域创新能力的数据分析进行相关解释，并对序参量之间的耦合协调度进行数据分析，得出目前山西省 TRIPS 协议下知识产权保护水平与区域创新能力的状态，并分析处于这种状态的原因。

（5）TRIPS 协议下推动山西省创新能力以促进山西省创新经济发展的对策

根据上文结论提出提高山西省区域创新能力的措施，以更好地促进其发展。认为山西省虽然拥有一定的知识产权保护基础和区域创新的要素，但基础还很薄弱，能力还有很大提升空间。只有充分结合实际，利用好影响创新经济发展的子变量，把握好各序参量之间的耦合协调关系，在一定的知识产权保护水平下，选择适宜的区域创新模式和创新战略，才能以较快的速度提升山西省的自主创新能力，从而促进山西省创新经济的发展。

3. 项目研究结论与对策建议

（1）项目的主要研究结论

通过对山西省 TRIPS 协议下知识产权保护水平和创新能力耦合度的分析，认识到在山西省创新经济发展的过程中，知识产权保护和创新能力作为两个序参量，也是山西省创新经济发展这个复杂系统中的两个子系统，之间存在着相互影响、相互作用的关系，正确协调处理好两者之间的关系，对山西省区域创新经济发展有着巨大的作用。

从山西省知识产权保护水平来看，其耦合度值 C：$0.45 < C=0.499962 \leqslant 1$，表明 TRIPS 协议下的知识产权保护水平同区域创新能力耦合度还处于比较强的状态。这时候，TRIPS 协议下的山西省知识产权保护水平较强，并且能够为山西省的创新能力提供良好的保障。这几年，山西省创新经济不断发展，也证实了这一理论，但其还处在耦合阶段中较低的阶段上。而耦合度调整值 H：$0.50 \leqslant H=0.519479 \leqslant 0.59$，这说明 TRIPS 协议下山西省知识产权保护水平同区域创新能力处于勉强协调的状态。

近年来，由于执行 TRIPS 协议，并且受到国家知识产权保护水平的影响，山西省知识产权保护水平基本与整个国家一致，保护水平较高。这也是近年经济全球化，发达国家对发展中国家知识产权保护不断施压的结果。

从以上分析可以得到在 TRIPS 协议下的知识产权保护水平和区域创新能力的耦合度方面，山西省处在耦合状态下较低的耦合位置上，能促进山西省创新经济发展，但仍存在充分提高两者耦合度的提升空间。

通过分析探讨，课题组认为要提升耦合度，首先需要打好创新经济的物质基础和制度基础；其次，合理利用知识产权政策为区域创新服务；最后，构建区域创新经济的网络系统。

（2）对策建议

1）加大山西省科技投入，完善创新基础设施

不仅需要鼓励科技创新型企业加大研发投入，还需要坚持财政对区域研究开发的支持，更要联合山西省内的科研机构与高校，建立产学研战略联盟。通过支持企业、高校、研究所联合设置实验室、研发中心、行业创新与服务平台等技术合作机构，打造良好的创新基础环境。在此基础上，充分发挥金融行业的资金优势，加强其对自主创新的支持力度，加快发展创业风险投资，给创新经济的发展提供坚实的资金保障。

2）加大培养和引进人才力度，为创新经济发展提供人才保障

需要山西省完善人才引进机制，利用高校、科研机构等资源培育科研团队，壮大科技创新人才队伍。大力推进科技人才创新活动，培育和形成多层次的科技创新队伍，优化高校专业学科结构，促进应用科学的大力发展，加快培育新型学科建设，加强知识产权、技术标准方面的学科建设。改革人才培养模式，提高人才培养质量，从根本上加强人才创新精神和能力的培养。有效结合相关制度措施，加大对海外优秀人才的引进力度，在高校构建留学生创业园等项目，促进优秀创新人才的引进，建立健全海外创新人才信息库，以项目合作、兼职、聘任顾问等多种形式引进创新人才，为山西省的创新经济发展贡献力量。

3）全面实施知识产权和技术标准战略

山西省需要对其知识产权和技术标准进行进一步修订和完善，在鼓励市场主体进行创新的基础上，确实保护其一定时期内的独占性权利。在充分实施知识产权和技术标准的基础上，政府可以积极引导市场主体加强科技攻关，联合当地科研机构、高校、企业等开发具有独立知识产

权的项目，通过不同主体间的创新优势互补，从而反作用于政府知识产权法规的完善和技术标准的形成。

4）大力加强完善山西省区域经济创新系统

山西省内的创新资源尚没有形成这种网络效应，导致创新资源与知识产权保护、创新资源之间不能发挥好协同效应，增加了创新主体之间合作的成本，削弱了区域的竞争力。在构建山西省区域经济创新系统时，着重从以下几个方面入手：一是要加强山西省内高新技术信息的交流，充分利用现有的科技存量，为短期区域创新经济发展提供基础；二是要突破山西省现有的创新制度，形成企业、政府、社会科技中介机构等良性互动的创新运行机制；三是要构建山西省特色的创新经济形态，充分发挥山西省一些特色科技的优势，形成独具特色的创新体系。

九、基于创新系统的山西区域自主创新能力评价及提升对策研究

（一）项目概况

《基于创新系统的山西区域自主创新能力评价及提升对策研究》为山西省软科学研究项目，来源于山西省科技厅，项目已结题，执行期间为：2014-01-01 至 2015-01-01。

项目组成员为：王香花、杨肖敏、李红卫、姚萱、郭丽君、赵晓霞。

依托本项目，课题组发表学术论文 1 篇：

[1] 王香花，苏彩平. 基于创新系统视角的中国区域自主创新能力评价及提升对策研究 [J]. 统计与决策，2016（9）：60-63.

（二）项目结题报告简稿

1. 山西区域自主创新现状分析

（1）山西自主创新总体现状

2010—2013 年山西省区域创新能力综合水平居全国中下游，并呈逐年下降趋势，由 2010 年的第 17 位下降到 2013 年的第 26 位；从中部六省来看，2011—2013 年山西省综合创新能力处于相对落后水平。可见，山西自主创新整体水平低下。

①自主创新资源投入情况。科技创新资源整体投入稳定增长，但仍旧不足。2009—2012 年山西省 R&D 人员投入和 R&D 人员全时当量投入整体平稳增长，并且占全国的比重也是持续增高，但科技创新人力资源投入占全国的比重仍旧没有突破 3%，仍需加大力度。

②自主创新产出情况。自主创新总体产出较为理想，但整体创新实

力仍需加强。2009—2012年山西省自主创新产出虽较为理想,并且也呈稳定的增长趋势,但自主创新实力还是不足,仍需加强。

2009—2012年,山西省无论专利授予量还是发明专利授予量都在逐年增长,其中专利授予量从2009年的3227项增加到2012年的7196项,发明专利授予量从2009年的603项增加到2012年的1297项,均增长了两倍有余;山西省专利产出中发明专利授予量所占比重高于全国平均水平,尽管在2010山西省发明专利授予量占专利授予量的15.55%,是2009—2012年的最低水平,但此比重也远远高于全国平均水平。

(2) 山西省自主创新主体现状

①企业的主体地位明显,但原始创新力不足。企业的自主创新主体地位明显,在山西省的自主创新水平较高,自主创新人力、财力投入力度逐年增加,但在原始创新能力方面仍旧不足。2009—2012年,企业R&D人员投入和科技活动人员投入总体呈增长趋势,仅2012年下降了8796人,但其增长幅度仍远远高于高校和科研机构;企业的R&D经费支出由2009年的64.94亿元增加到2012年的111.35亿元,增加将近一倍,R&D经费中,企业R&D支出一直占85%左右,到2012年,企业R&D支出占到全省R&D经费总额的92%,创历史新高。

但在发明专利授予总量中,企业的发明专利授予量却是最少的,2012年之前都是0项,2012年被授予了21项。可见,虽然企业的发明专利申请量最大,但专利授予量却相当少,说明企业虽自主创新能力较强,但其在原始创新能力方面投入不足。

②高校和科研机构的科技创新活动行动力不足。高校和科研机构作为山西省知识和技术的重要供应者,自主创新投入虽整体增加,但其科技创新活动的行动力仍旧是不足的。2009年以来,山西省高校和科研机构创新资源投入逐年增加。山西省高校和科研机构R&D人员全时当量逐年增加,且在山西省所占比重也是逐年增加;高校和科研机构R&D经费内部支出情况与R&D人员全时当量情况基本一致。2009—2012年,山西省自主创新主体(企业、高校和科研机构)发表的科技论文数总体

保持稳步的增长。

③中介服务机构创新力量投入不足,扩散作用有待发展。山西省对中介服务机构的投入力度不足,中介服务机构拉动效应较小,中介服务机构的扩散效应亟待提升。2009—2012年,山西省中介服务机构基础载体投入不足,且发展不明显。其中,重要实验室发展平稳,几乎没有太大的变化;生产力促进中心自2010年增长到32家后,总量再没有发生变化;政府部门属研究与开发机构数量整体没有发生变化,一直保持在133家左右。

(3) 山西省自主创新环境现状

①山西省对科技创新越来越重视,尤以太原为突出。以地方财政科技支出占GDP的比重为基础,结合山西省各市R&D经费支出中政府R&D经费支出的比重分析可知,山西省对于科技创新的重视程度越来越高,其中尤以太原突出。

2009—2012年,太原市地方财政科技支出占GDP的比重越来越大,且增长速度最快,除阳泉市、忻州市和吕梁市于2011年稍有所下降外,其余各市在这4年间均稳定增长,尤其是2009—2010年各市增幅均较大。

②山西省经济发展缓慢,需较快升级产业结构。山西省整体经济发展滞后,GDP全国排名落后,其他产业产值的排名也相对较后。其中,第二产业产值占GDP的比重为55.57%,处于中部地区中等水平。第二产业产值占据GDP一半以上的比重,也说明了山西省乃至中部地区产业结构的不合理;第三产业产值与第一产业产值的比值是中部地区排名最高了,达到了6.71,这主要是因为2012年山西省第一产业产值仅689.32亿元,是中部地区中最低的。

③交通运输业发展缓慢,仍需加大发展力度。2012年,山西省客运量和货运量在中部省份中均排名最后。其中,山西省客运量39 987.1万人、货运量144 607.9万吨,刚刚超出全国平均水平(31 936.05万人和73 558.02万吨),说明了山西省交通运输业发展较国内平均水平相对滞后。

④政策、制度和法律环境不断优化和改善。山西省人民政府相关管

理部门先后出台和修订了《关于促进科技成果转化的若干意见》、《山西省技术市场管理条例》、《山西省工程实验室管理办法》、《关于加快区域科技创新体系建设的若干意见》、《山西省工程研究中心管理办法》、《山西省科学技术厅落实〈关于健全重大行政决策机制的意见〉的实施细则》、《山西省科学技术厅法律顾问服务工作流程》和《中共山西省委山西省人民政府关于实施科技创新的若干意见》等一批地方性科技法规，制订了一系列旨在鼓励和促进自主创新活动的财政、金融、人才等各类政策，为自主创新能力建设提供了较充分的法律制度保障，自主创新环境得到优化和改善。

2. 基于创新系统的山西省区域自主创新能力综合评价

（1）山西省区域自主创新能力评价指标的构建及数据来源

①创新系统视角下评价指标体系的构建。山西省区域自主创新能力评价指标体系的构建，就是基于区域创新系统的核心思想，并结合诸多区域自主创新能力评价指标体系，在评价原则的指导下，结合相关年鉴指标获取难易程度从企业自主创新能力、高校和科研机构自主创新能力、中介机构自主创新载体能力、创新环境4个方面构建了33个（以上4个方面各含有6、9、5、13个）评价指标的山西省区域自主创新能力评价指标体系。

②数据来源。数据主要来自2010—2013年《高等学校科技统计资料汇编》、2010—2013年《山西科技统计年鉴》、2010—2013年《山西统计年鉴》、2009—2013年《山西各地市国民经济与社会发展公报》、2009—2013年《山西专利统计分析报告》，高校专利授予情况来自上海知识产权（专利信息）公共服务平台（http://www.shanghaiip.cn/Search/login.do）数据。

（2）山西省区域自主创新能力评价指标的筛选

采用主基底的计算步骤，运用Matlab软件，依次筛选出2009—2013年山西省11个市的11评价指标z_1、z_2、…、z_{11}，及其占全部指标的净信息含量。最终筛选出的评价指标如表9-1所示。

表 9-1　山西省区域自主创新能力评价指标（最终筛选结果）

企业自主创新能力	规模以上工业企业数（个）	x_1	y_1
	规模以上企业利税总额（亿元）	x_5	y_2
	规模以上企业利润总额（亿元）	x_6	y_3
高校和科研机构自主创新能力	高校和科研机构 R&D 全时当量（人年）	x_8	y_4
	高校和科研机构专利授予量（件）	x_{14}	y_5
	高校和科研机构发明专利授予量（件）	x_{15}	y_6
中介服务机构扩散能力	技术交易市场成交合同数（项）	x_{19}	y_7
	技术交易市场成交合同金额占 GDP 的比重（%）	x_{20}	y_8
创新环境	人均 GDP（元/人）	x_{22}	y_9
	第二产业产值占 GDP 的比重（%）	x_{23}	y_{10}
	第三产业产值对第一产业产值的比（%）	x_{24}	y_{11}
	客运量（万人）	x_{25}	y_{12}
	货运量（万吨）	x_{26}	y_{13}
创新环境	地方财政科技支出占 GDP 的比重（%）	x_{29}	y_{14}
	地方财政教育支出（亿元）	x_{31}	y_{15}
	地方财政教育支出占 GDP 的比重（%）	x_{32}	y_{16}
	地方财政教育支出占地方一般财政预算支出的比重（%）	x_{33}	y_{17}

（3）基于创新系统的山西省区域自主创新能力动态评价分析

对 2009—2012 年山西省区域自主创新能力进行了动态的评价，得到：①山西省各市区域自主创新能力及自主创新发展潜力呈区域性变化；②山西省整体自主创新发展及发展速度缓慢；③地方财政教育支出对提升山西省自主创新能力影响程度最大；④山西省企业创新主体地位突出；⑤高校和科研机构的自主创新能力及中介服务机构的扩散能力较差,且对提升山西省自主创新能力起到的作用不大;⑥创新环境在很大程度上影响山西省自主创新能力的提升。

3. 山西省区域自主创新能力提升对策和措施

(1) 发挥企业在自主创新中的主体作用

①确立企业的创新主体地位,建立有利于企业自主创新的体制机制。要从战略上尽快确立企业自主创新的主体地位,落实和完善企业技术创新激励机制,支持中小企业开展自主创新,建立有利于企业自主创新的体制机制。

一是建立完善的企业治理结构。调整企业股权结构,实现投资主体多元化,尽快建立完善的企业治理结构,并把建立创新机制作为建立现代企业制度的重要内容。二是把自主创新规划纳入企业发展战略。企业特别是大中型企业要根据自身发展需要和产业技术发展趋势,制定切实可行的自主创新规划,并作为企业发展战略的一个重要组成部分。三是建立有效的激励机制。进一步明确促进技术创新的内在动力和企业管理者的责权利关系,增强企业的核心竞争力。

②建立高水平的企业研发机构和队伍。一是鼓励企业建立研发机构。改进国家财政的科研投资方向,支持有条件的企业建立自己的研发机构。要充分考虑企业需求,在科技投入、研究计划和人员配置上向企业倾斜,将企业的重大技术课题列入科技计划,并给予经费支持。二是落实和完善相关制度。建立健全技术开发准备金制度、技术及人才开发费税金减免制度,以及新技术推广投资税费减免制度等,增强企业自主创新能力。三是鼓励不同企业研发机构的交流与合作,鼓励联合开发与创新,提高科技资源利用效率和运行效率。

(2) 突出科研院所和高校的支撑作用

①继续推进科研院所体制改革。要区分不同情况,继续推进科研院所体制改革,提高其从事创新活动的积极性。一是明确各科研院所的职能定位。应将以定员数为依据向科研院所划拨经费的传统做法改为以研究开发课题为依据,对科研院所的大部分拨款要通过与科研任务捆绑方

式、以招标形式下达。二是引入竞争机制。科研院所长从任命制改为向社会公开招聘，不拘一格地选拔懂技术、会管理的人才担任。必须打破科研事业单位人员终身制，在尽快完善社会医疗保障的前提下实行全员合同制。三是加强科研院所对外合作与开放，整合全省技术资源、科技人力资源，提高科研院所参与科技活动的能力与水平。四是对科研单位给予一定政策优惠。

②全面提升高校自主创新能力。一是加强学科建设。高校尤其是研究型高校要根据比较优势，突出特点，选准主攻方向，有针对性地加强重点专业和重点学科建设，构建一批能够为经济增长和社会进步提供重要知识和技术支撑的学科群。二是加强重点实验室建设。加大对重点实验室建设的支持力度，鼓励多学科的交叉与综合，积极探索成立多学科交叉的科研中心。三是完善高校科研人员评价与奖励制度。尊重学科性质和工作性质的差异，尊重基础研究的自身发展规律，进一步改革高校科研人员评价与奖励制度，从根本上杜绝急于求成和弄虚作假的行为。

③建立产学研合作体制机制。打破企业、科研院所和高校自我封闭的结构系统，建立以企业为主体，科研院所和高校优势互补、风险共担、利益共享、共同发展的产学研合作机制。一是探索多种合作形式。通过共同研究、技术指导、技术培训、科研器材的共同使用、关键技术信息服务、专利使用等形式，整合、优化现有资源，建立以实现共享为核心的合作机制。二是鼓励有条件的高校、科研院所和企业联合建立实验室、技术中心、中试基地，或通过联营、投资、参股等多种方式实现与企业的联合，增强企业的技术创新能力。三是企业研发经费要有一定比例用于产学研合作，以提高企业技术配套和自主开发能力。四是财政资金除重大基础研究、战略研究外，凡是没有企业种子资金参与的科研项目，就认为其产业前景没有落实，就不能资助科研经费，迫使科研机构和院校积极与企业结合，促进产学研一体化。

（3）重视引进技术的再创新

①增加对引进技术消化、吸收和创新的投入。引进技术是实现技术进步的捷径，只有与消化、吸收和创新相结合，才能很快形成自主创新

能力，摆脱对技术引进的依赖。要通过多种途径增加对引进技术消化、吸收和创新的投入。政府应建立专门的消化创新基金，组织产学研联合攻关，对引进的产业共性技术、关键技术进行消化、吸收与创新。

②注重对软件技术、关键技术的引进。在技术引进过程中，由于许多企业更倾向引进硬件技术而轻视软件技术的引进，阻碍了引进技术的消化、吸收和创新。因此，在引进技术时，要实现从重视引进硬件技术向主要引进软件、专利、图纸、工艺及关键技术转变。同时，支持企业接受技术转让并分包制造，逐步提高设备国产化率，真正实现以市场换技术。

③对各种引进技术进行集成创新。在现代科技发展中，相关技术的系统集成创新及由此确立的竞争优势，远远超过单项技术突破带来的竞争优势。因此，在引进技术时，要从集成创新的角度考虑，统筹安排、分散引进、突出重点。引进技术后要充分利用产学研合作机制，做好产业链上下游集成、单项技术系统集成、国外先进技术与国内技术系统集成、相关学科系统集成等，以有效消化、吸收引进技术，提高山西省自主创新能力。

（4）优化自主创新的政策环境

①落实和完善相关的财税、金融政策。一是制定优惠的财税政策。各级财政要建立稳定的研发投入增长机制，集中用于共性、关键性和前沿性技术的研究开发。对企业研发投入允许以较大比例直接抵扣税收；对社会力量资助科研机构和高校的研发经费也可享受一定的税收优惠。二是实施金融扶持政策。要完善中小型科技企业贷款担保体系，包括降低商业银行担保比例、建立贷款风险担保准备金、加大财政贴息力度等。要建立风险投资机制，发展风险投资公司和风险投资基金等。

②培养和吸引各类创新人才。提高自主创新能力，人才是关键。一是制定人才队伍建设的总体规划，尽快建成一支规模庞大、素质较高、结构合理的创新型人才队伍。二是进一步深化人事制度改革，尽快建立市场主导、政府指导的人才资源配置机制；加大人力资本要素在分配中的比重，完善激励和竞争机制，充分调动各类人才的积极性、主动性和

创造性。三是以重大科技计划培养和凝聚高层次人才。要以培养战略型科学家、学术带头人和科学家团队为重点，通过国家重大科技计划带动，为优秀科技人才提供施展才干的舞台。四是要以重要岗位、重大科技项目和重点人才计划吸引优秀人才。

③强化知识产权管理和保护。一是完善知识产权制度。综合运用法律、经济和行政的手段，引导企业、科研院所和高校采取有效措施，切实保护自己的知识产权，充分尊重他人的知识产权，增强全社会的创新精神和创造活力。二是建立日常监督和重点检查相结合的机制。大力加强对知识产权法律实施的监督、检查工作，重点查处一些重要、有影响的知识产权侵权大案，坚决查处和制裁各种侵权行为，及时有效地处理知识产权侵权和纠纷案件。

④扶持科技中介服务机构发展。建设社会化、网络化的科技中介服务体系。继续加强专利超市建设，加强县（市、区）综合科技服务平台建设，形成以省级平台为龙头，市（州）平台为骨干、县（市、区）平台为基础的覆盖全省的综合科技服务网络。积极发展技术产权交易，大力发展技术评估、技术咨询、技术服务、技术转移、专利代理、科技信息等各类科技中介组织，建立健全技术商品交易规划，保障交易各方的合法权益。对符合条件的科技企业孵化器、国家大学科技园，自认定之日起，一定期限内免征营业税、所得税、房产税和城镇土地使用税。鼓励大学、科研院所建立科技中介机构。经认定的大学、科研院所建立的科技成果转化、咨询信息等中介机构和知识产权服务机构可以享受非营利科研机构的优惠政策。

十、山西高新技术产业创新集群建设及对策研究

（一）项目概况

《山西高新技术产业创新集群建设及对策研究》为山西省软科学研究项目，来源于山西省科技厅，项目在研，执行期间为：2015-07-01 至 2017-12-31。

项目组成员为：刘东霞、陈红、张爱琴、张丽。

（二）项目进展报告

1. 项目研究意义

20 世纪 80 年代后期，知识经济空前发展，全球化趋势愈加明显，国际竞争压力不断增大。为了应对不断增大的国际竞争压力，提高国家和区域的创新能力，越来越多的国家通过培育高新技术产业集群，来推进区域与国家的创新能力提升。因此，本项目从生态学的角度研究高新技术产业创新集群的生态系统要素与机制，具有重要的理论与实践意义。

（1）理论意义

本项目运用生态学理论、创新理论等学科知识，采用定性和定量相结合的研究方法，通过对数学模型的建立和分析，结合对山西高新技术产业集群实例的探讨，提出高新技术产业集群生态系统的创新机制。项目运用生态学理论，结合经济学、管理学等学科知识来解释高新技术产业集群创新机制等方面的探索，将丰富和发展高新技术产业集群相关的理论研究，以期为政府科学制定区域经济社会发展规划提供有力的依据

和决策参考。

（2）实践意义

本项目研究高新技术产业集群创新过程中所需的条件及其对高新技术产业集群创新生态系统的作用和影响，并以山西高新技术产业集群为主要研究对象，分析高新技术产业创新集群发展中各创新生态因子的影响效果，企业种群之间相互竞合作用方式。从中探讨山西高新技术产业创新集群发展中存在的问题，并提出建设山西高新技术产业创新集群生态系统平台的政策措施建议，以促进山西高新技术产业集群与区域经济增长之间的良性互动，对实现区域经济转型发展具有重要的现实意义。

2. 项目研究进展简介

项目立项以来，严格按照项目计划任务书展开相关研究工作，主要完成了如下几个方面的工作。

（1）梳理国内外相关文献

国内外对于创新集群的研究主要包括以下几个方面的内容：

①创新集群的概念与内涵。罗森博格（1984）最早提出"创新集群"的概念，认为创新的模仿和扩散过程中的"二次创新"是导致创新集群产生的原因；Lundvall（1994）、Preissl（2003）认为集群内主体的集体行为和互动的学习过程是创新集群的基本特征。Bortagray 等（2000）强调创新集群以知识的交换、交互学习和价值集聚为基础。OECD（2001）认为创新集群是一种连接企业和市场的新型组织形式，遵循着一定的发展规律。肖广岭（2003）认为产业集群是创新集群的基础，促进创新集群的形成和发展，又会促进产业集群的高级发展。王辑慈（2006）提出创新集群是体现了参与创新活动行为主体的互动关系的地方网络。钟书华（2008）认为创新集群是由企业、研究机构、大学、风险投资机构、中介服务组织等构成，通过产业链、价值链和知识链形成战略联盟或各种合作，具有集聚经济和大量知识溢出特征的技术－经济网络。宋琦等（2010）认为创新集群是产业集群发展到一定阶段形成的，知识要素聚集、具有较强创造力和创新驱动的知识经济网络系统。因此，综合以上

研究可以得到：创新集群是网络组织形式，是具有创新性的产业集群，其功能的发挥需要支撑体系、相关资源的组织及产业链、知识链和价值链的耦合实现。

②创新集群的类型。研究者对创新集群的分类主要有以下观点：从创新集群形成与发展的角度，将创新集群分成政府主导的自上而下型和市场驱动的自下而上型。按照创新之间有无直接联系，创新集群分为 M 型和 T 型。其中，M 型创新集群是技术上无直接联系，仅由需求或其他有利条件共同刺激所引起的创新集群；T 型创新集群是由出现一种可为大量的改进型创新提供基础的重要创新所诱发的。骆静和聂鸣（2003）从创新集群的内外部联系的角度，将创新集群分成内聚性集群、新工业区、创新环境集群和邻近集群。田桂玲（2007）考虑到集群内部创新源泉的差异，将创新集群分为产业创新集群、区域创新集群、网络创新集群等。李北伟等（2012）基于创新集群初创过程中起支配作用的主体差异，将创新集群划分为龙头企业推进型、产业推进型、政府推进型、科研机构推进型、金融机构推进型和市场自发形成型。因此，不同类型的创新集群在形成过程中起作用的主体不同，其形成与发展过程中起支配作用的机制不同，导致创新集群的演进过程出现差异，相应的运行机制与制度设计也会存在差异。

③创新集群的形成动因。德布瑞森认为导致创新集群的因素包括范式的不连续性、技术系统的辅助作用、累积性的学习过程等来自经济系统外部的要素，以及范围经济、技术外部性、创新诱导机制、独占性、创新交易成本、创新利润等来自经济系统的内生因素。并且，这些因素之间还是孤立的，这些因素都能促使创新倾向于集群，会产生协同作用，存在系统的自增强动态机制。因此，通过政策制定可以培育创新集群，通过促进创新源、创新者、创新产品用户之间的联系、结合、互动，推动创新的动态积累。马歇尔（1991）认为外部经济性是支配企业集群的形成机制。符正平（2002）认为聚集网络的外部化是企业集聚形成的主要机制。刘恒江等（2004）认为涌现性是民营企业簇群形成的核心动力。李福刚等（2012）认为创新集群的演化是由内生与外生机制共

同作用的结果。王福涛（2009）认为创新集群演化机制是以卖方市场集中、产业地理集聚与技术创新聚集的耦合方式构成的。Jerome（2009）认为创新集群的全球网络可以加速创新进程。因此，可以总结出：创新集群形成的动力因素主要包括知识溢出效应、聚集经济性、学习机制、社会资本等因素。

④对创新集群建设实践的总结研究。赵新刚（2006）、Walshok（2002）对圣地亚哥创新集群的建设进行研究，认为雄厚的科学技术基础和创业文化氛围是诱发圣地亚哥生物技术创新集群产生的关键因素。Sallet（2011）对纽约奥尔巴尼纳米技术创新集群进行研究，认为知识资产、前沿基础设施是推动纳米技术产业发展的关键创新动力。Yuko Harayama（2008）对日本创新集群政策进行了研究。朱滋婷和于丽英（2010）对欧洲创新集群的发展及其成功的内外因素进行了分析。因此，可以结合已有学者研究各个地区创新集群形成路径的方法，对山西省高新技术产业创新集群建设进行分析。

（2）明确课题的研究目标与内容

通过前期的分析、讨论，课题组最终确定了本课题的研究目标为：

运用生态学的理论与方法，结合创新理论与区域经济发展理论，分析高新技术产业集群创新机制，探讨影响和制约创新生态系统运行的各种因素，以及各创新主体的作用和互动创新机制，在深入分析山西高新技术产业创新集群发展现状的基础上，提出山西高新技术产业创新集群建设的对策建议。

本课题的主要研究内容为：

①分析高新技术产业创新集群生态系统的组成要素、生态因子构成，总结高新技术产业集群的生态学特征及生命周期特征。

②选择生态位为分析视角，应用生态位理论与分析方法，研究高新技术企业个体创新行为及企业个体之间在集群创新过程中的相互作用关系。

③从种群生态学出发，依据种群增长 Logistic 模型分析种群之间的相互作用关系，构建高新技术产业创新集群主体间竞争创新模型、创新

主体间合作共生创新模型，总结高新技术产业创新集群主体间的协同创新模式。

④结合集群创新要素分析与集群创新模式分析的结论，对山西高新技术产业创新集群进行实证分析，提出山西高新技术产业创新集群建设的对策建议。

（3）确定课题的研究路线与方法

通过分析讨论，课题组确定本课题的研究路线如图 10-1 所示。

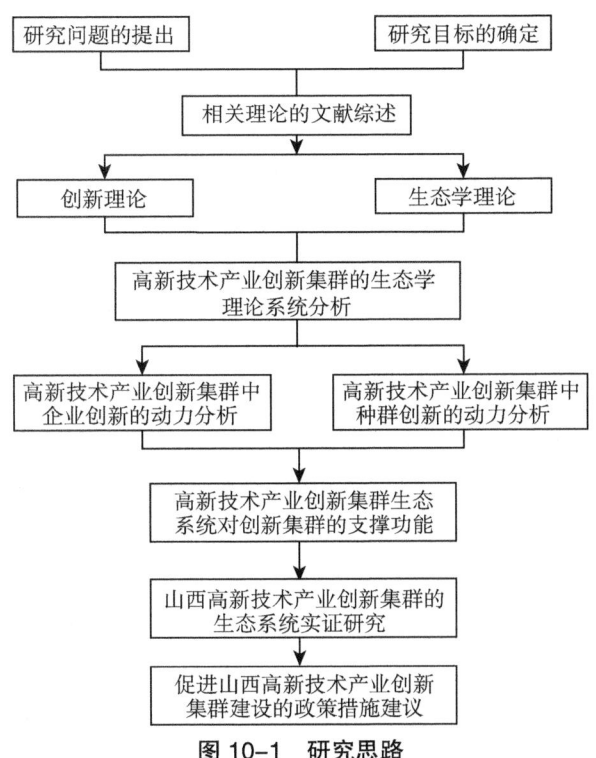

图 10-1　研究思路

通过对研究内容的深入分析，课题组最终确定采用如下 3 种方法展开相关内容的研究：

①文献整理与分析。对近年来高新技术产业集群与创新集群的相关文献进行全面梳理，得出目前理论界对高新技术产业创新集群的研究现

状,通过对创新理论与生态学相关理论的分析,为本项目后续研究奠定理论基础。

②系统设计的方法。在本项目的研究过程中,拟结合生态学理论、集群理论、创新理论等学科知识,构建高新技术产业创新集群的生态系统理论框架。

③构型构建分析的方法。在本项目的研究过程中,拟结合种群生态学 Logistic 方程,构建高新技术产业创新集群演化的 Logistic 模型,揭示高新技术产业集群的创新机制。

十一、山西高新技术产业创新集群建设过程中的政府行为与政策选择研究

（一）项目概况

《山西高新技术产业创新集群建设过程中的政府行为与政策选择研究》为山西省软科学研究项目，来源于山西省科技厅，项目在研，执行期间为：2015-07-01 至 2017-12-31。

项目组成员为：张爱琴、陈红、刘东霞、李向荣。

依托本项目，课题组已发表学术论文 2 篇，分别为：

[1] 张爱琴，侯光明. 工程技术项目创新机理研究——兼论创新方法的驱动作用 [J]. 科技管理研究，2015（24）：13-18.

[2] 张爱琴. 基于 EFCE 的创新方法集成应用的评价与实证分析——以中航工业集团创新方法应用为例 [J]. 数学的实践与认识，2015（23）：129-137.

（二）项目进展报告

1. 项目研究意义

20 世纪 90 年代以来，欧美国家在政府层面发起创新集群战略，集群政策被广泛关注和普遍使用。目前国外（美国、德国）、国内（沿海、经济发达地区）从创新氛围建设、制度体系安排和政策出台等都已经有了比较多的研究。相比较而言，对我国中西部欠发达地区如何借鉴国内外创新集群的发展经验，根据本地创新集群发展状况有针对性地进行制度安排和环境构建的研究较少。

本项目在文献研究基础上，主要研究政府行为对山西省高新技术产业创新集群的影响作用、驱动机制与促进对策。①调研山西省传统产业集群的分布现状，测度高新技术产业集聚度；②探讨山西省高新技术产业创新集群的形成机制和演化模式，剖析高新技术产业创新集群形成过程中与集群类型、运作情景相适应的制度匹配问题；③针对创新集群发展的不同阶段提出路径策动和政策选择，为政府针对区域发展、科技创新和集群政策的制定提供依据。

2. 项目研究进展简介

项目立项以来，严格按照项目计划任务书展开相关研究工作，主要完成了如下几个方面的工作。

（1）已完成的研究工作

①理论研究。借鉴世界创新集群发展经验，运用比较分析法分析高新技术产业创新集群的研究文献，比较各国创新集群发展战略及政策实施情况。比较分析国内外创新集群支持政策，总结高新技术产业创新集群的政策发展现状及特点和经验教训，并对发展趋势进行展望。

②实地调研。在理论研究基础上进行实证研究。通过实地调研、问卷调研及对有关企业家及技术管理人员进行深度访谈，摸清山西高新技术产业创新集群分布现状，测算山西高新技术产业集聚度，分析存在问题。实地调研高新技术产业创新集群现状，计算地方专业化指数和高新技术企业数量专业化系数，计算高新技术产业集聚度，得出山西比较典型的高新技术产业创新集群的分布情况，绘制山西创新集群地理分布图，并分析现存问题。

③模型构建。在现状把握基础上，分析山西高新技术产业创新集群作用机制与演进机制；建立政府行为组织度模型，分析政府行为和制度供给对创新集聚的驱动作用与驱动机制，建立政府行为组织度模型，着重分析政府行为和制度供给对创新集聚的驱动机制和演化路径。分析高新技术产业创新集群发展过程中的知识溢出效应、社会资本、制度支撑等创新要素对创新的驱动作用。

（2）研究得到的相关结论

①产学研是推动产业集群向创新集群转型的重要力量，产业集群通过产学研合作将迅速实现产业链、技术链和价值链的升级。山西省在产业集群向创新集群转型的过程中，要充分发挥高校和科研院所的力量，通过以应用研究为主产学研合作，提升产业的核心技术水平，为产业集群向创新集群转型提供必要的技术支持。

②政府的宏观调控是推动产业集群向创新集群转型的必要补充。对于高端的产业集群，政府应充当产业服务者的角色，较少干预集群的市场行为；对于低端的产业集群，政府应当加强技术创新和交流及基础设施等方面政策的制定，对集群的竞争策略和规划目标给予指导，促进产业集群向创新集群转型。

③产业集群向创新集群的转型必须转变狭隘的竞争观念，但过度的竞争又会阻碍企业的学习和创新。产业集群的发展必须改变狭隘的竞争观念，通过形成共担风险、共享成果的合作关系，开拓商机与市场，实现集群内企业的共赢与发展。

高新技术集群不仅需要企业自身的努力，也需要政府的引导，这就涉及政府的行为和政策选择。政府应该结合市场，运用更为多样的政策方针，采取更为有效的行动促进集群的发展。税收优惠、土地优惠、进出口优惠、注入资金、政府采购、立法、加强基础设施建设等支持政策和行为是高新技术产业创新集群发展的关键因素。总之，要促进集群的长远发展，政府必须发挥强有力的支持作用。

（3）现阶段研究过程中存在的困难

①本课题涉及理论众多，需要收集、整理大量资料，从国内外网站、期刊搜集整理相关文献，文献来源众多，筛选分析需要花费较长的时间。

②对创新集群发展现状进行问卷调研，对创新集群运用空间基尼系数、行业集中度和区位熵等方法进行测评，系统化构建创新集群评价模型是需要着力解决的重点和难点。

（4）下一步研究计划

①分析政府作为制度政策的制定者在创新集群形成过程中的职能作用。从政府政策角度出发，探讨政府层面对创新集群竞争力的影响机制，并对太原高新区进行实证研究，论述政府促进创新集群发展的动力机制。分析山西高新技术产业创新集群建设过程中的政府行为和政策选择，提出实施对策。

②根据调研结果及实证分析，提出山西高新技术产业创新集群发展过程中的政府组织策略和方法。在调查基础上，以实践中产生的成果和暴露的问题，验证、校正和完善理论分析阶段的研究结果。针对高新技术产业创新集群分布现状、特征及存在问题，有针对性地提出具体的政策建议，完成总报告。

十二、山西省煤基低碳产业创新链技术评估研究

（一）项目概况

《山西省煤基低碳产业创新链技术评估研究》为山西省哲学社会科学研究项目，来源于山西省哲学社会科学规划办，项目在研，执行期间为：2015-07-01 至 2016-12-31。

项目组成员为：段庆锋、陈红、刘东霞。

（二）项目进展报告

1. 煤基低碳创新链技术专利模式研究

（1）专利统计分析

针对不同煤基低碳技术领域，选取专利检索关键词，进行专利检索分析。具体包括：从时间、数量、技术领域方面统计分析，从专利机构、发明人、区域、国别方面开展对比分析，识别出技术领域的专利布局格局、增长趋势、专利组合特征等，尤其分析山西省在有关领域的专利数量及合作网络，揭示煤基低碳创新链技术专利数量模式。

（2）专利竞争格局分析

采用专利分析理论，研究技术创新主体在煤基低碳产业有关专利方面的竞争态势，揭示出技术竞争领域中的领先者、跟随者，判断竞争格局的发展趋势。针对山西省在专利竞争中的自身实力和比较优势，提出山西省创新主体的煤基低碳专利发展策略。

(3) 专利热点文本挖掘分析

采用文本挖掘技术，针对煤基低碳技术专利数据集开展深度智能分析。具体包括：采用关联分析的方法，构建煤基低碳产业创新主体（大学、科研机构、公司）关联图谱、专利技术领域关联图谱、研发区域空间关联图谱；采用语义分析方法，构建煤基低碳技术热点图谱；采用聚类分析方法，识别煤基低碳技术群组。

2. 煤基低碳创新链技术成熟度研究

（1）煤基低碳创新链技术成熟度计量研究

借鉴 TRIZ 理论，计量分析煤基低碳创新链有关技术领域评价指标的动态变化模式，通过定量模型判断产业技术发展的生命周期阶段，进而识别其技术成熟度。

（2）煤基低碳创新链技术成熟度调查研究

选取煤基低碳创新链的典型技术，以科研机构及企业相关领域研发人员或负责人为调查对象，通过调查问卷及深度访谈的方式，识别创新链技术成熟度。

通过定量结合定性的方法，分析煤基低碳创新链技术成熟度，揭示技术研发潜力、产业化应用风险，探究煤基低碳创新链的关键技术演进路径及未来发展趋势。

3. 煤基低碳创新链经济、环境、社会效益综合评估研究

借鉴技术评估理论，构建煤基低碳创新链技术评估模型及框架，界定评估对象的内涵与外延，明确评估的原则、导向、手段及结果的应用，构建评估指标体系，选取恰当的指标选取及处理策略。评估体系应从技术的先进性、可行性、生态性、商业性 4 个维度度量煤基低碳创新链的综合效益。

以评估模型框架为指导，结合前述煤基低碳专利模式和技术成熟度分析，开展评估实证，研判煤基低碳技术的经济、环境、社会综合效益。

十三、创新驱动战略下制度创新对山西创新集群演化的影响及策略路径研究

（一）项目概况

《创新驱动战略下制度创新对山西创新集群演化的影响及策略路径研究》为山西省社会科学界联合会重点研究项目，来源于山西省社会科学界联合会，项目在研，执行期间为：2015-07-01 至 2016-12-31。

项目组成员为：张爱琴、刘东霞、牛慧卿。

（二）项目进展报告

1. 项目选题背景

20世纪90年代以来，欧美国家在政府层面发起创新集群战略，且在实践中创造了诸如硅谷模式、剑桥模式等成功案例。创新集群的形成是环境因素、需求条件、生产要素、相关与支持性产业等多种因素共同作用的结果。同时，与政府的决策与引导也密不可分。譬如政府能够运用制度和政策工具为创新集群的发展创造良好的创新外部环境，增强创新主体的创新动机和创新能力，健全与完善创新机制，引导各项创新活动，并且规范创新行为等。在实施创新驱动战略的背景下，研究政府如何进行制度创新，以提升创新集群的地位，发挥创新集群在区域经济发展中的作用，尤其具有重要的理论意义和实践意义。

山西省拥有丰富的矿产资源和文化资源，经过多年的开发，建立起了相对健全的工业产业体系和文化产业体系，尤其是与煤炭产业紧密相关的电、热、化、冶炼工业得到了较为全面的发展。山西省对我国的经

济发展和能源安全有着十分重要的意义。新中国成立以来，山西省累计产煤 110 亿吨，净调出 80 亿吨。但是，山西在享受能源带来的经济利益的同时，也付出了沉重代价。沉重的资源成本代价、生态成本代价、社会成本代价和发展成本代价，使得山西生态环境恶化，煤炭价值降低，缺乏经济发展活力，制约着山西经济的可持续发展。另外，山西省资源产业集中度低、企业规模小、经营分散、产业集群发展不全面，既无合作又无竞争，不仅造成了主导产业生产能力的闲置、资源的破坏和资源配置的低效、全行业的亏损，还造成了经济秩序的混乱。"因煤而兴、因煤而困"的格局令全省深思。

本项目研究意义在于，随着全球经济化的发展，产业集群向创新集群的转变引起了越来越多国内外专家学者的关注与研究。以山西为例研究其产业集群向创新集群的转型，是对产业集群向创新集群转型研究的丰富。山西省作为一个资源大省，急需通过产业集群向创新集群转变来实现成为资源强省的目标。

2. 项目的创新点

创新集群的创新能力及政府为科技创新制定的制度创新体系是衡量创新驱动战略实施的重要评估指标。本项目结合山西发展实际，贯彻政府提出的创新驱动战略实施规划，研究通过政府政策驱动方式促进创新集群发展，带动区域经济的发展，促进经济增长方式转变的途径，具有较强的理论意义和现实意义。

本项目在文献研究基础上，借鉴其他国家和地区发展创新集群的成功经验，分析比较国内外政府对创新集群培育发展的支持性制度，得到制度创新对创新集群演化的普遍的集群策动演化路径。在理论研究基础上，首先结合山西实际情况，调研山西创新集群发展现状，分析创新集群演化的过程和集群策动生命周期，剖析存在的问题及原因；其次探讨山西从传统产业集群向创新集群演化的机制和模式，剖析创新集群形成过程中与集群类型、运作情景相适应的制度匹配与制度创新问题；最后针对创新集群发展的不同阶段提出路径策动和政策选择，为政府区域发展、科技创新和集群政策的制定提供依据。

本项目以产业集群理论、技术创新理论为基础理论，以理论研究与实际调查相结合，采用资料分析、深度访谈、问卷调查等手段，对山西创新集群现状进行了系统分析。在现状分析的基础上，分析不同阶段政策实施的战略选择和推进措施。

①在研究方法上，运用空间基尼系数、行业集中度和区位熵等方法对创新集群进行测评，系统化地构建了创新集群评价模型，剖析山西创新集群演化的阶段特征。

②利用空间计量方法分析山西创新集群的发展特征及变化趋势，剖析知识整合、政府投资、社会资本等创新要素对于创新集群发展的影响特征，揭示政府在创新集群建设过程中的行为定位和政策驱动机制。

③基于创新集群理论和政府行为理论，围绕政府在推进创新集群发展中扮演的角色和发挥的作用，对创新集群演化中的制度创新与技术创新的关系进行了研究，有针对性地提出创新集群演化过程中制度创新的策略和方法，是对创新集群、集群创新理论与政府组织行为研究的充实。

3. 项目取得的阶段性成果

该项目于 2015 年 6 月开始实施，通过查阅分析了大量的文献资料，并对创新集群进行了实地调研。主要开展了以下研究。

（1）创新集群形成演化的规律和机制研究

产业集群到创新集群的发展是一个动态的演进过程，具有较强的路径依赖性，因此，从产业发展理论的角度审视创新集群的形成和演进过程，找出影响创新集群形成、发展的决定性因素，分析其作用机制和内在逻辑规律，有利于把握其发展规律，并按照其规律对创新集群进行支撑政策和制度的设计。本项目比较分析了国内外创新集群制度创新情况，总结了创新集群策动的一般规律。借鉴世界创新集群发展经验，运用比较分析法分析创新集群的研究文献，比较各国创新集群发展战略及政策实施情况，总结创新集群不同生命周期阶段制度创新的状况及特点，总结创新集群策动的一般规律。

（2）创新集群实证方面的效应研究

从实践基础看，目前主要集中在对产业集群集聚效应的研究上，对创新集群集聚带来的知识溢出效应、协同效应、网络效应等缺乏定量的动态化评价。未来研究应针对某一局部地区的实际情况，从动态产业发展角度评价和测度该地区创新集群发展对于区域创新绩效和经济发展的影响，对于创新集群界定、培育和形成具有重要意义。本项目调研山西创新集群发展现状，测算创新集群产业集聚度，分析存在问题。以发放问卷及实地调研的方式对创新集群现状进行实地调研，通过对山西省内各行业企业数据进行统计分析，计算地方专业化指数和企业数量专业化系数，计算产业集聚度，得出山西比较典型的创新集群的分布情况，绘制山西创新集群地理分布图，并分析存在问题。

（3）针对创新集群的制度安排和政策支持

目前，对国外成功创新集群的研究相对比较成熟，如硅谷，从创新氛围建设、制度体系安排和政策出台等都已经有了比较多的研究；国内沿海、经济发达地区的政策建设也比较完善。相比较而言，对我国中西部欠发达地区如何借鉴国内外创新集群的发展经验，根据本地创新集群发展状况有针对性地进行制度安排和环境构建的研究较少。

因此，不同类型的集群需要不同的政策来推进创新活动，并不存在可以解决所有类型创新集群发展问题的普遍适用的政策，未来研究应结合本地情况把创新集群相应的制度安排和制度结构作为重点，对其制度特征进行剖析和论述。本项目分析了制度创新对山西创新集群演化的影响。利用空间计量方法分析创新集群发展过程中的知识溢出效应、社会资本、制度支撑等创新要素对创新的驱动作用；着重分析制度供给和制度创新对创新聚集的驱动机制和演化路径，以便更好地组织和设计集群创新进程。

4. 下一步的研究工作

目前，国内创新集群的研究仍处在积极探索的阶段，本项目借鉴产业集群相关理论研究成果，研究创新集群的集聚原理，围绕局部地区进行创新集群的测度和效应研究,有利于分析创新集群的发展对区域经济效益的促进作用,以及创新集群带来的知识溢出效应等,有利于引领欠发达地区高新技术产业发展,形成区域性有利于创新集群空间布局。因此,可为创新集群的形成、培育提供一定的理论指导。本项目对创新集群相关理论问题作了探讨,对创新集群的形成机制和影响机制进行了深入了分析,有利于从理论上明确创新集群的作用、机制,为欠发达地区创新集群主导产业空间布局战略的制定提供理论支撑。

下一步研究计划是研究创新驱动战略下制度创新对山西创新集群演化策动路径。分析创新驱动战略下促进创新集群有效驱动的因素,并根据创新集群不同生命周期提出不同的动态发展路径。借鉴国外科技创新战略的实践,结合山西省情况,根据创新集群现状及存在的问题,提出促进创新集群发展的综合性政策框架。从政府的财政、税收、产权等相关政策,研究技术发展政策,教育研究政策,产学研结合政策,政府采购政策等改进和完善传统产业集群,提高创新集群的创新能力。

十四、山西省科技创新知识图谱及创新驱动战略优化研究

（一）项目概况

《山西省科技创新知识图谱及创新驱动战略优化研究》为山西省社会科学联合会重点研究项目，来源于山西省社会科学联合会，项目已结题，执行期间为：2014-06-01 至 2015-06-01。

项目组成员为：段庆锋、苏贵影、闫莹、牛慧卿、王长江、马力。

（二）项目结题报告简稿

1. 绪论

（1）研究目的及意义

在国家调整经济结构及山西省成为"国家资源型经济转型综合配套改革试验区"（以下简称"综改区"）的背景下，增强企业的技术创新能力、提高产品及服务的科技含量是转变经济发展模式的重要内容和基础，也是知识经济的组成要素。技术创新在山西经济转型发展中的重要性日益得到重视，相关政策及措施的颁布和实施为有效促进及提升山西企业自主创新能力提供了有利条件，例如《山西省"十一五"企业技术创新发展规划》、《关于鼓励和支持我省大型企业和企业集团建立技术中心的意见》、《山西省推动产学研合作实施办法》、《山西省"十二五"企业技术中心建设指导意见》等。在国家及山西省"十三五"规划及"综改区"的背景下，山西省急需调整过度依赖于资源的产业结构，实现经济、社会及环境可持续发展，而创新驱动战略是实现转型发展的关键动力。

十四、山西省科技创新知识图谱及创新驱动战略优化研究

对于科技管理者及决策者，面对日新月异的科技动态及经济转型目标，如何快速、科学地把握科技发展的未来态势，并找到最优的创新驱动发展路径，是其面临的重大问题。如何在传统优势产业的基础上发挥山西的比较优势，实现传统优势产业的成功转型，并发展有潜力的新兴行业领域，通过提高重点领域企业的自主创新能力，带动山西省的产业升级，成为政策制定者及企业创新主体关心的问题。

因此，研究以技术经济学为理论指导，以山西省创新驱动战略优化为目标。首先以基于信息智能技术的科技创新知识图谱作为开展科技创新监测及政策制定的分析工具，通过深度的海量信息智能处理及知识图谱展示，探究山西科技创新的比较优势及发展潜力；然后结合山西产业经济转型发展的现实背景，从多视角提出创新驱动战略的制度安排、机制形成、组织优化、模式选取等政策建议。

（2）创新点

①将知识图谱分析工具有效应用于区域创新系统分析，充分借助信息技术的数据分析优势，多视角揭示山西科技创新的格局及动态，极大提高了研究结果的客观性、科学性及可信性。

②采用的研究方法具有一定的应用价值。研究采用专利挖掘和专利地图理论及方法分析山西省技术创新动态及模式。数据挖掘的技术有助于从海量专利数据中发现技术创新规律，专利地图的图形化表达更有助于决策者理解和把握问题的本质。充分利用了专利数据的客观性及创新内涵，真实反映研究对象技术创新发展的特征及趋势，为地区技术创新研究及政策制定提供了充分的参考内容。

③采用人机结合的研究框架，多视角揭示山西科技创新的格局及动态，为山西省创新驱动战略优化及转型发展提出了有益建议。

2. 科技创新知识图谱分析理论框架

关于科技创新知识图谱分析的框架可以划分为3个层面：数据层、分析层和决策层，3个研究层面反映了研究方法的逻辑递进关系，具体如图14-1所示。

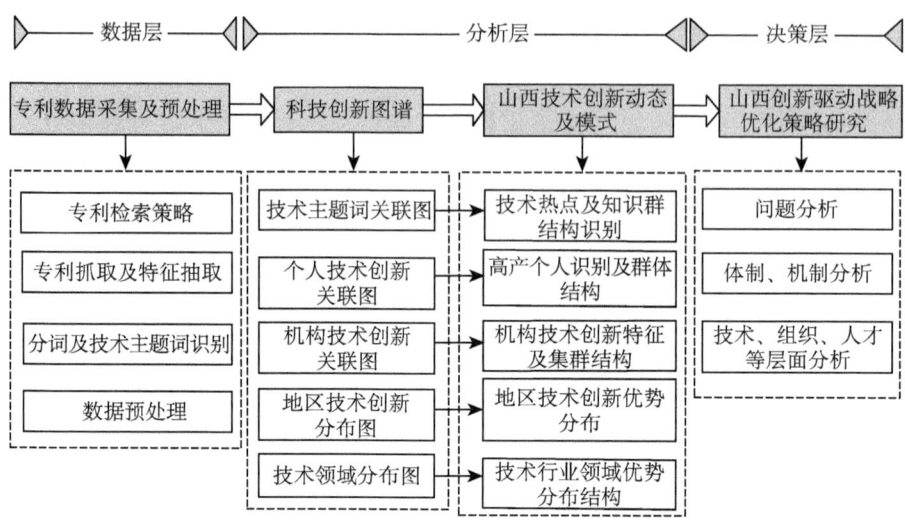

图 14-1 科技创新知识图谱研究框架

研究采用的主要方法有：

①专利数据自动采集技术。编写中国专利数据自动采集及处理系统，按照设定的查询关键词，网络抓取程序自动从中国专利数据库中下载目标数据，并具有对专利数据进行相关预处理的功能，为后续分析奠定基础。

②数据挖掘及图谱分析方法。首先，在构建的专利专题数据库基础上，采用专利地图的方法充分分析及挖掘专利数据所能反映的地区技术创新状况，对山西省的产业创新能力及模式做出评估，研究山西省技术创新的格局。然后，在山西专利地图分析的基础上，从创新要素、环境等角度研究山西技术创新的战略优化，提出未来产业技术创新发展建议。

3. 山西省科技创新图谱构建及实证分析

（1）山西省技术创新概况

山西省专利申请总量和授权总量整体呈上升趋势。1985—2005 年，专利申请总量和授权总量增幅较小，2006 年开始快速增长。作为"十二五"规划开局之年，2011 年专利申请受理总量首次过万，达到 12 774 件，其中，实用新型专利 5243 件，占 41%，所占比重最高；发明专利 4602 件，占 36%；外观设计专利 2929 件，占 23%。相较于 2005 年申请总量 1985 件（发明专利占 31%，实用新型专利占 52%，外观设计专利 17%）的数据而言，申请总量虽成倍增长，但作为原始创新和技术含量较高的发明专利申请所占比例提高不明显。

在过去的 20 多年时间里，山西省的专利工作尽管取得了长足的发展，但相对全国而言，山西省的 R&D 投入强度相对较低且结构不合理，与国内发达地区相比还存在较大差距。专利工作还不能满足经济社会发展的要求，主要表现在全省专利申请量偏低，且专利申请结构不优，发明专利和职务专利申请所占比例较低，发明专利技术产业化步伐缓慢，市场主体自主创新能力不强、作用发挥不够等。

（2）山西省专利挖掘及图谱分析方法

1）数据来源

考虑到本课题的研究内容是山西省域的技术创新动态，专利作为技术创新的有效载体自然成为研究的对象。数据采集的数据源来自我国公开的专利数据库，通过专利查询系统（http://www.sipo.gov.cn/zljs）进行数据采集。在专利检索页中，地址项填入关键词"山西"，将与山西有关的所有专利检索并采集进入自建数据库中，经过数据清洗，去除错误及重复数据，得到研究数据集。

2）专利挖掘方法

在关联矩阵的基础上，采用多维标度法（MDS）将研究对象映射到二维空间中，形成知识图谱，这样可以有效地发现要素之间的关系模式。将分析的结果以自动或半自动的方式转化为人易于理解的模式，通过可视化的技术生成知识图谱，并输出生成监测分析报告。

（3）山西省科技创新专利地图分析

1）发明人分析

利用专利发明人关联图，分析得到山西省专利申请量排名靠前的申请人分别是：孙予罕、许并社、杜志刚、樊中云、谢克昌、张文栋、梁坚平、李永胜、李永旺、刘振宇等。在专利发明人的专利地图中呈现出两个明显的凝聚子群，在子群中的这部分学者之间的联系紧密，在专利合作方面交往频繁。可能由于研究领域的限制，张雷、亢茂青两人的专利申请数量有限但与其他主体的联系较为紧密，而梁坚平、杜志刚等人尽管数量颇丰，但与其他人连接松散。

2）大学和企业分析

利用山西专利创新机构关联图，分析发现山西省大学专利申请存在太原理工大学"一枝独秀"的格局。太原理工大学的中心地位显著，且以其为中心形成了较大的合作凝聚群。同时，我们还发现合作机构大多为山西本土机构，省外企业及高校极少。目前，山西省高校与企业的专利合作中太原理工大学、山西大学、山西潞安环保能源开发股份有限公司、北京科技大学、中国矿业大学较为活跃，形成了以太原理工大学为核心的格局。

利用专利数前20名及度中心性前20名的大学、企业名录，可以看出太原理工大学和山西潞安环保能源开发股份有限公司无论在专利数还是专利合作方面都处于领先地位，两家机构分别成为大学和企业科技创新的领头羊，它们拥有较为广泛和深入的创新合作实践及成果。

3）创新热点分析

绘制山西省专利创新热点关联图，节点代表关键词，节点间的连线代表关键词间的内在关联性，节点越大说明其代表的关键词在专利中出现的频率越大。分析发现出现频率前五的热点关键词分别为汽车、液压、煤、锅炉、催化剂，反映了山西省技术创新的重点内容在装备制造业、煤化工等行业领域。

通过列示山西省专利创新热点的分布情况，按照降序排列，可以发现山西省的创新热点主要集中在能源产业的有关领域中，与山西省的经济结构具有极大的关联性。

4. 山西省创新驱动政策研究

通过相关研究，得到如下几个方面的创新驱动策略：
①树立创新观念，完善相关政策和规划，为产业发展提供有力保障。
②选择合适的技术创新模式，建立有效的技术创新机制。

③拓展融资渠道，推动金融创新，为高新技术产业发展提供强有力的资金支持。加强企业创新人才的培养，完善中小企业技术服务体系。

④加快产业基地建设步伐，大力推进高新技术产业集聚。组织实施一批重大项目，为山西自主创新和产业升级增添动力。

⑤扩大高新技术领域的合作交流，促进山西高新技术产业开放式创新和自主发展。

附录：创新研究中心指导全国大学生创业大赛 2014—2016 获奖名录

姓名	项目	奖项
宋清	微纳有限责任公司	省级金奖、国家银奖
李祖博	凯夫海思智能保健有限责任公司	省级金奖、国家铜奖
刘伶伶	I SAY I CAN 有限责任公司	省级金奖、国家铜奖
朱文泽	山西脱单网络科技有限责任公司	省级铜奖、国家铜奖
赵舜	中北新华公益书店有限责任公司	省级金奖
刘浩	I 家智能社区有限公司	省级银奖
刘书梦	宠爱一生服务有限公司	省级银奖
刘鑫	星光塑料制品有限公司	省级银奖
冯军	土豆一号	省级银奖
张艳丽	未来科技有限责任公司	省级银奖
杨阳	漫时光体验馆	省级银奖
王健旭	乐活有限责任公司	省级银奖
崔雨豪	Eye In Hand 科技有限责任公司	省级铜奖
李雪茹	山西高校水果连锁服务公司	省级铜奖
白弋玄	玩转中北有限公司	校级金奖
韩春刚	小生校园科技有限责任公司	校级金奖
刘晨辉	新化锂电技术有限公司	校级金奖